MARCO POLO

SIZILIEN

LIPARISCHE INSELN

Reisen mit **Insider Tipps**

> Wandern in der Madonie: beim Hirten zusehen, wie Käse wie vor Jahrtausenden gemacht wird, von den Gipfeln Fernblicke über halb Sizilien genießen, das eiskalte Wasser einer Quelle kosten, in einem Bergdorf auf der Piazza beim Espresso sitzen …

MARCO POLO Autor
Hans Bausenhardt
(siehe S. 135)

Spezielle News, Lesermeinungen und Angebote zu Sizilien:
www.marcopolo.de/sizilien

SIZILIEN

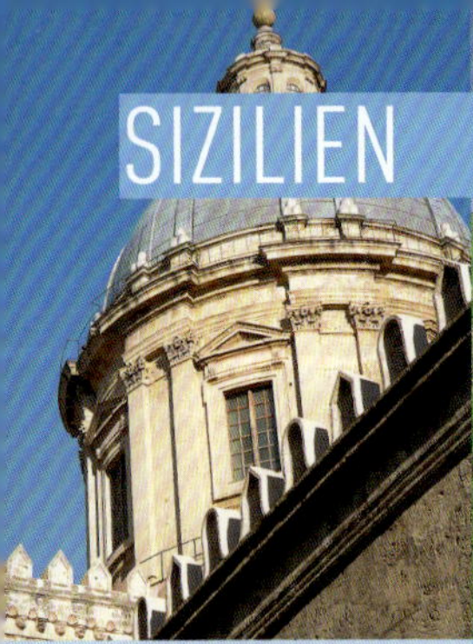

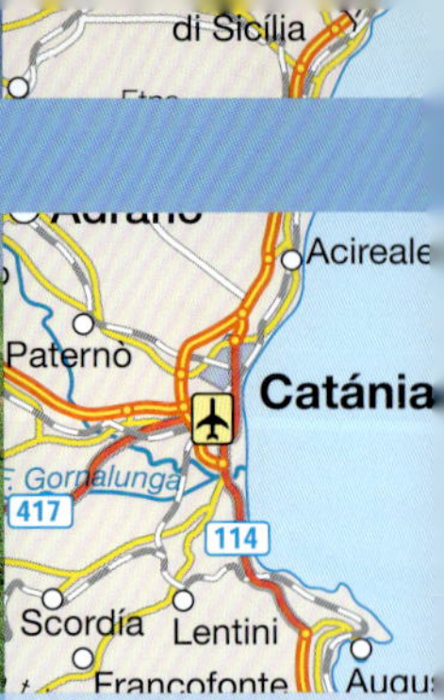

> SYMBOLE

Insider Tipp **MARCO POLO INSIDER-TIPPS**
Von unserem Autor für Sie entdeckt

★ **MARCO POLO HIGHLIGHTS**
Alles, was Sie auf Sizilien kennen sollten

SCHÖNE AUSSICHT

WLAN-HOTSPOT

▶▶ **HIER TRIFFT SICH DIE SZENE**

> PREISKATEGORIEN

HOTELS
€€€ über 100 Euro
€€ 60–100 Euro
€ bis 60 Euro
Preise pro Nacht für ein Doppelzimmer mit Frühstück im Sommer (außer 1.–20. Aug.)

RESTAURANTS
€€€ über 40 Euro
€€ 25–40 Euro
€ über 25 Euro
Die Preise gelten für ein Essen mit Vor-, Haupt- und Nachspeise ohne Getränke

> KARTEN

[122 A1] Seitenzahlen und Koordinaten für d Reiseatlas Sizilien

Karten zu Catania, Palermo, Taormina und Trapani finde Sie im hinteren Umschlag

Eine Karte zu Syrakus finde Sie auf Seite 56

Zu Ihrer Orientierung sind a die Orte mit Koordinaten v sehen, die nicht im Reiseat eingetragen sind

INHALT

ENTDECKEN SIE SIZILIEN!

Unsere Top 15 führen Sie an die traumhaftesten Orte und zu den spannendsten Sehenswürdigkeiten

Die Highlights sind in der Karte auf dem hinteren Umschlag eingetragen

1 Ätna
An seinem Fuß wachsen Palmen und Zitronen, sein Gipfel ist eine Wüste aus Lava und Eis (Seite 36)

2 Teatro Greco-Romano
Der Ätna liefert den ganzen Sommer das Bühnenbild für klassische Theater- und Musikdarbietungen in Taormina (Seite 43)

3 Piazza Armerina
Die Mosaiken der Villa del Casale zeigen die ersten Bikinimädels der Geschichte (Seite 50)

4 Noto
Die wohnliche Barockstadt entstand in 50 Jahren am Reißbrett und ist heute Weltkulturerbe (Seite 51)

5 Museo Regionale Archeologico
Der ganze Reichtum des antiken Sizilien ist in diesem großen Museum in Syrakus zusammengetragen (Seite 57)

6 Pantalica
Auf Wanderwegen kann man sich die Anapo-Schlucht und 7000 Jahre Geschichte erschließen (Seite 59)

7 Dom von Cefalù
Der älteste Normannendom Siziliens mit einem riesigen Chor ragt hoch in den Himmel (Seite 62)

8 Palazzo dei Normanni und Cappella Palatina
Seit mehr als 900 Jahren ist der Königspalast in Palermo Regierungssitz (Seite 68)

> DIE BESTEN MARCO POLO HIGHLIGHTS

9 Straßenmärkte
Die Märkte in Palermo sind eine nahrhafte Augenweide und eine orientalische Geräuschkulisse – bis weit in den Abend hinein gibt es hier mediterrane Köstlichkeiten (Seite 69)

10 Dom von Monreale
Auf 6340 m^2 Wandfläche erzählen goldene und farbige Mosaiken die Geschichten aus der Bibel, im Kreuzgang zeigen die Kapitelle der 208 Säulen die Welt des Mittelalters (Seite 71)

11 Valle dei Templi
Die 2500 Jahre alte Stadt Akragas, heute Agrigent, ist antike Stadt in voller Größe und strahlt mit dem frisch restaurierten Concordia-Tempel in neuem Glanz (Seite 74)

12 Selinunt
Die gigantischen Steinmassen der 2500 Jahre alten Hafenstadt liegen wunderschön auf einem Plateau über dem Meer (Seite 79)

13 Erice
Wie ein Vogel schwebt die noch intakte mittelalterliche Stadt über der Ebene und dem Meer (Seite 83)

14 Stromboli
Das nächtliche Feuerwerk des Vulkans können Sie in Gipfelnähe, aber auch vom Boot aus beobachten (Seite 93)

15 Vulcano
Der Untergrund dieser Insel ist heiß und schweflig, denn der Vulkan ist noch aktiv – er schläft nur (Seite 95)

WAS
FÜR
EINE
INSEL!

AUFTAKT

> Sizilien ist eine Welt für sich, ein kleiner Kontinent im Zentrum des Mittelmeers, wo über Jahrtausende Menschen aufeinandertrafen und ihre Kulturen, ihre Lebensgewohnheiten miteinander verschmolzen – Griechen, Römer, Araber, Maghrebiner, Spanier und viele andere. Sizilien ist aber auch Meer: Mitsamt den vorgelagerten Inseln ist es von 1200 km Küste umgeben. Das Meer ist nie weit, von fast allen Bergen des Landesinneren sieht man es. Deren höchster, der über 3000 m hohe Ätna, ist ein aktiver Vulkan. Und in den Städten, die voller Kunst und Geschichte stecken, brodelt das Leben.

> Beim ersten Schritt auf sizilianischem Boden stellen Sie fest: Sizilien ist anders als Italien, bunter und extremer. Die aufregendste Annäherung an Sizilien ist zugleich die häufigste, nämlich die mit dem Zug oder auf der hoch über der kalabrischen Küste verlaufenden Autobahn. Bei klarem Wetter werden schon 150 bis 200 km vor Villa San Giovanni, dem wichtigen Fährhafen, zuerst der einsame Vulkankegel des Stromboli weit draußen im Meer und die Liparischen Inseln, dann die Bergketten der sizilianischen Nordküste und endlich, wie ein breiter Fluss, die Meerenge sichtbar, der *Stretto*.

Sizilien ist in seiner Vielfalt selbst ein kleiner Kontinent. Sie werden auf Schritt und Tritt Entdeckungen machen, Ihr ganz eigenes und persönliches Sizilien kennenlernen.

Mit 25 709 km^2 ist Sizilien die größte Insel des Mittelmeers und zugleich Italiens flächengrößte Region. Die etwas über 5 Mio. Inselbewohner leben sehr unterschiedlich verteilt. Extrem dicht besiedelten Gebieten, wie den beiden Ballungsräumen Palermo und Catania, der Nord- und Ostküste und dem Ätnagebiet, steht das sehr dünn besiedelte Landesinnere gegenüber. Palermo ist Hauptstadt der Autonomen Region Sizilien. Weitere Großstädte mit mehr als 250 000 Bewohnern sind Catania und Messina.

> Die Zitronengärten reichen bis fast ans Wasser

Die Natur des *Continente Sicilia* ist nicht nur Mittelmeer und Sonne. An der üppigen Küstenlandschaft im Nordosten verdorrt sogar im heißen Sommer die subtropische Blütenpracht nicht. Am Ätna floss die schwarze Lava bis ins Meer, und die Zitronengärten mit ihrem glänzenden

Über 2400 Jahre alt: der Concordia-Tempel im Valle dei Templi bei Agrigent

dunkelgrünen Laub reichen bis fast ans Wasser. Im Südosten, zwischen Syrakus und Ragusa, reicht eine Kalkplatte bis zum Ufer; ein flaches, von Wind und Wasser zernagtes Kliff wird immer wieder unterbrochen von fast weißen, feinsandigen Stränden oder kilometerlangen Dünen, in denen ganze Gewächshausstädte die Gunst des auch im Winter warmen Klimas nutzen. Afrikanisch hart und verbrannt ist die lange Südküste zwischen Gela und Selinunt. Sie wird von Flussniederungen unterbrochen, in denen durch zusätzliche künstliche Bewässerung regelrechte Oasen entstanden sind. Der Westen ist flach. Längs der Nordküste, zwischen Trapani und Palermo, ragen Kalkberge aus dem Meer, kahl und leuchtend.

Eine lange, mehrfach unterbrochene Bergkette begleitet die Nordküste auf ihrer ganzen Länge und schirmt Innersizilien von den Regen bringenden Winden aus Norden und Westen ab. Sofern nicht abgeholzt oder von den Viehherden verbissen, sind diese Berge zum Meer hin von üppiger Vegetation bedeckt. In den Hochlagen wachsen stellenweise noch dichte Buchenwälder. Dort entspringen auch kräftige Quellen. Eine Vielzahl meist kleiner Dörfer hoch über den Tälern der Fiumaren liegt in 10–20 km Abstand zur Küste auf halber Höhe – Dörfer, die mit ihrer kleinen Landwirtschaft, die gerade den Eigenbedarf deckt, immer mehr ausbluten.

> Abends trifft sich die ganze Stadt auf der Piazza

Zum Landesinneren hin sind die Berge weniger schroff, das Pflanzenkleid ist schütter. Die Landschaft mit ihren weiten Weizenfeldern und Ödlandflächen ist endloses Hügelland, unterbrochen von bizarren Bergspitzen und Felsketten. Die meist stadtgroßen Dörfer liegen weit auseinander, sie beherrschen die Landschaft. An höchster Stelle steht die fast immer von barocken Kuppeln gekrönte Hauptkirche. Im Zentrum liegt die große Piazza, eingerahmt von den mächtigen Palästen der örtlichen Adelsfamilien und von prächtigen Kirchenfassaden beherrscht. Der Platz ist die „gute Stube“, Treffpunkt.

Eine Welt für sich ist der Südosten. Eine weite, aus Kalkstein gebildete Hochebene, von tiefen Tälern und Schluchten zerfurcht, fällt nach Osten und Süden langsam zum Meer hin ab. Kilometerlange Mauern zer-

WAS WAR WANN?

Geschichtstabelle

800–580 v. Chr. Gründung vieler phönizischer und griechischer Städte an den Küsten Siziliens

241 v. Chr.–440 n. Chr. Nach dem 1. Punischen Krieg ist Sizilien fast 700 Jahre römische Provinz

827–1061 Sizilien unter arabischer Herrschaft, Palermo wird 901 Hauptstadt

1061–91 Die Normannen erobern Sizilien. In den 150 Jahren normannisch-staufischer Herrschaft bildet sich eine Hochkultur, die arabische, byzantinische und europäische Traditionen verbindet

1266 Nach dem Tod des Stauferkaisers Friedrich II. setzt der Papst die französischen Anjou als Könige von Sizilien ein

1282–1700 Sizilien steht unter der Herrschaft der spanischen Krone

1734–1860 Herrschaft der in Neapel regierenden Bourbonen

1860 Die Eroberung Siziliens durch Garibaldi ist Auftakt zur Einigung Italiens

Um 1870 Beginn der Auswanderung nach Amerika, zehn Jahre später Beginn der organisierten Mafiakriminalität

1943–47 Nach der Landung der Alliierten stürzen Mafiaterror gegen die Bodenreform, Schwarzhandel und Separatisten Sizilien fast in einen Bürgerkrieg

Seit 1975 Die Mafia übt offenen Terror gegen den Staat und unterwandert ihn gleichzeitig. Der Widerstand organisierte sich zuerst langsam, aber 1993 wird der Boss der Bosse, Totò Riina verhaftet und 2006 Nachfolger Bernardo Provenzano

teilen die dürftigen Brachweiden. Die Hochflächen sind stark verkarstet, von Gestrüpp und Hartlaubkräutern bewachsen. Die Talgründe und Küstenebenen sind immens fruchtbar, Frühgemüse, Orangen und Blumen kommen von hier. Die Städte sind geprägt durch den barocken Wiederaufbau nach dem verheerenden Erdbeben von 1693.

Zerstörung und Vitalität gehen vom Vulkan Ätna aus. Kein anderes Gebiet Siziliens ist so dicht besiedelt. Städte und Dörfer wurden nach Zerstörungen immer wieder rasch aufgebaut, oft strahlender als zuvor. Baumaterial ist der haltbare schwarze Lavastein. Typisch sind beschwingte, barocke Formen und der Farbkontrast zwischen dem schwarzgrauen Stein und dem weißen oder pastellfarbenen Putz. Türme und Kuppeln mit bunten Majolikakacheln ragen aus dem intensiven Grün von Gärten und Baumhainen.

Farbe und Schmuck dürfen im Alltagsleben der Sizilianer nie fehlen. So tragen sie die Natur in ihrer Fülle und Buntheit in ihre steinernen Städte und Dörfer. Bunt wie ein Fisch ist das Fischerboot – Nixen, Delphine oder Schwertfische schmücken es. Der sizilianische Karren mit seinen Schnitzereien und dem reich verzierten Zaumzeug von Eseln und Pferden hat seine modernen Nachfolger gefunden: Es sind die Lastwagen und noch mehr die kleinen, bunten, dreirädrigen Ape-Lieferwagen. Die Märkte schwelgen in Üppigkeit, mit Blättern und Blüten werden die Gemüse- und Fruchtstände dekoriert, aus Obst kunstvolle Pyramiden errichtet. Kein Fischstand, der nicht mit frischen Meeresalgen und Zitronen zum Blickfang gemacht würde.

So einfach und kahl die meisten Wohnungen möbliert sind, so prachtvoll sind die Kirchen ausgestattet. Flitter, Gold und Silber, Marmor und Lapislazuli oder auch deren gekonnte Imitation in Stuck und Farbe, Glitzerkram aus Glas und Halbedelsteinen schmücken Marien- und Heiligenfiguren, deren Gesichtsausdruck und Gebärden uns übersteigert vorkommen mögen. Sizilianer gehen da mehr aus sich heraus. In ihrer Seele haben alle Völker Platz, die je auf der Insel gelebt haben. Sichtbarer als andere Fremde haben die Araber Sizilien geprägt, und das Erbe dieser nur etwa 250 Jahre dauernden Zeit ist unübersehbar: Der arabisch-normannische Baustil von Kirchen und Palästen mit steilen Kuppeln, Blendarkaden und Spitzbögen ist augenfällig. Mehr aber noch bestimmen bis heute Neuerungen in der Landwirtschaft den Alltag der Sizilianer – neue Kulturpflanzen wie Orangen, Zuckerrohr, Baumwolle und Spinat fanden über Sizilien ihren Weg nach Europa. Zeugen der antiken Blütezeit vor 2500 Jahren sind die gut erhaltenen griechischen Tempel, die Theater und die Stadtmauern, die oft weit mehr umgaben als die heutigen Städte.

Kirchliche Autorität, gekleidet in architektonische Vielfalt: der Dom von Palermo

> *Vitalität und Zerstörung gehen vom Vulkan Ätna aus*

TREND GUIDE SIZILIEN

Die heißesten Entdeckungen und Hotspots! Unser Szene-Scout zeigt Ihnen, was angesagt ist

Gerrit Curcio
Der Deutsch-Sizilianer Gerrit Curcio lebt seit seinem 18. Lebensjahr auf Sizilien. Eines Tages zurück nach Deutschland? Kommt für ihn nicht mehr infrage, aber als Besucher immer gerne! Dafür liebt er seine Insel zu sehr. Als Chef des Sporthotels *Kalura* ist er ständig auf der Suche nach neuen Trends für alle, die vom Urlaub mehr erwarten als Sand, Strand und Sonne.

EHRENSACHE

Dinieren beim Paten

Die Höfe der Vereinigung *Libera* sind im Kommen. Auf ehemaligem Mafiabesitz erbaut, treten sie gegen das organisierte Verbrechen an. Ihre Waffen: Nudeln und Wein! Diese stellen die Betreiber selbst her, verkaufen und servieren sie ihren Gästen. Jeder eingenommene Euro trägt zum Kampf gegen die Mafia bei *(Headquarter: Via A. Borrelli, Libera-Palermo, Tel. 091 30 08 52, Infos u. Adressen auf www.libera.it)*.

MODERN ART

Klassische und moderne Architektur in Einklang

Sizilien im Wandel: In Gibellina beeindruckt die *Porta di Ferra*, eine überdimensionale Stahlskulptur von Pietro Consagra vor den Stadttoren. Die neue Heimat für mediterrane Kunst ist die Kulturstiftung *Orestiadi* im Baglio di Stefano *(www.fondazione.orestiadi.it, Foto)*. In Palermo ist der neu gestaltete Park des *Castello della Zisa* ein Highlight *(Piazza Guglielmo il Buono 1)*, und an der Küste von Palermo beeindruckt der neu gestaltete Uferpark *Foro Italico* – Architekt und Designer Italo Rota hat hier eine mediterrane Moderne eingeläutet.

SZENE

▶▶ SUMMERTIME

Ab in die Felsbucht!

Sizilianer lieben die Exklusivität. Aus diesem Grund kehren sie dem Sandstrand im Handtuch-an-Handtuch-Style den Rücken zu und ziehen sich in die Felsbuchten zurück. Immer mehr kleine und feine Strandbäder entstehen dort. Heißer Tipp sind die steinigen Küstenstreifen in Mazara del Vallo. Dort ist das Ambiente exklusiver und das Gastro-Angebot vielfältiger als an den Sandstränden. Abends lassen Sonnenanbeter den Tag bei einem Sundowner in Bars und Restaurants ausklingen – auch bis tief in die Nacht! Geheimtipp: das Gourmet-Restaurant mit schicker Piano-Bar im *Mahara Hotel (Lungomare San Vito 3, www.maharahotel.it)*. Abstecher lohnen sich auch nach Funduq, Lido Costanza und Cala dei Damasceni.

▶▶ SIZILIEN INSPIRIERT

Kreative Köpfe lieben die Insel

Italiens Modedesigner schwören auf Sizilien. Allen voran Giorgio Armani *(www.giorgioarmani.com, Foto)*. In seinem Ferienhaus auf der winzigen Nachbarinsel Pantelleria holt er sich Inspirationen für seine Kollektionen. Als Dank projiziert er bei seinen Runway-Shows schon mal die Symbole Siziliens – Vulkan, Tempel und Mosaik – als Highlight auf Wände und Böden. Kreativen Input holen sich auch avantgardistische Modemacher wie Roberta Lojacono *(www.robertalojacono.it)*, die in ihrem Atelier in Palermo klare Linien und feminine Formen in Einklang bringt, und Cesare Di Maria in Palermo, der auf extravagante Brautkleider spezialisiert ist *(www.regalis.com/dimaria.htm)*. Immer wieder zurück zu ihren sizilianischen Wurzeln zieht es auch Demonico Dolce von *Dolce & Gabbana (www.dolcegabbana.it)* und Marella Ferrera *(www.marellaferrera.com)*. Beide lassen Farben, Formen und die Energie der Insel in ihre Mode und ihre Parfums einfließen.

DINE IN STYLE

Internationale Küche ist angesagt

Siziliens Küche zeigt sich immer öfter glamourös und international. Doch nicht nur das Essen macht ein perfektes Dinner aus: Die Location ist ebenfalls entscheidend. Nachdem Trend-Koch Jamie Oliver die Insel bereiste, wurden Loft-Restaurants zu den It-Places schlechthin. Immer mehr Sizilianer vergessen zumindest für einen Abend Pizza und Pasta und lassen sich Sushi und Co. schmecken. Sie stehen Schlange vor Palermos angesagtestem Japaner *Hanami (Via Paternostro 58)* und gehen vor Anker an der Küste vor den Hallen der *Tonnara Bordonaro*, einer ehemaligen Thunfischfabrik in Palermo. Heute findet sich dort das In-Restaurant *Kursaal Tonnara – Vergine Maria*. Der Abend wird zum Erlebnis: Die historischen Gemäuer wurden mit schickem Interior und Glasfronten versehen, und es gibt regelmäßig Live-Performances *(Via Bordonaro 9, www.kursaaltonnara.it)*.

MOUNTAINBIKING EXTREM

Power auf der Insel

Biker laufen zu Hochtouren auf. Siziliens Berge sind nicht nur das perfekte Trainlingslager für alle Rennradfahrer und Mountainbiker, sondern auch eine Herausforderung in Sachen Kondition. Die Höhenunterschiede sind extrem, der Anspruch hoch. Wer den Kick sucht, findet ihn hier! Immer mehr Biker liefern sich rund um Cefalù ihren ganz persönlichen Kampf gegen die Berge. Dort verleiht beispielsweise das *Hotel Kalura* hochwertige Räder *(Via Vincenzo Cavallaro 13, www.hotel-kalura.com)*. Ideale Ausgangspunkte für Radsportler sind auch Landgüter wie *Agriturismo Tenuta Luogo Marchese* mitten im Naturpark Madonie *(an der SS.286, Km 4,7, www.tenutaluogomarchese.it)* und das *La Corte del Sole* bei Noto *(C.da Bucachemi, Lido di Noto, www.lacortedelsole.it)*.

RELAX

Luxus meets Wellness

Beauty-Victims aufgepasst! Siziliens Wellness-Tempel setzen verstärkt auf Luxus. Während der Treatments entspannt man im *Spa by Daniela Steiner* im Highclass-Luxusambiente. Weiche Lederliegen, meterhohe Kerzen und Designerpools sind die Zugaben zu *Energizer* oder *Herbal Therapy (Kempinski Hotel Giardino di Costanza, Mazara del Vallo, Via Salemi K 7/100, www.kempinski-sicily.com, Foto)*. Direkt an die Felsen schmiegt sich das neue Luxushotel *Baia Taormina Palace (Via Nazionale 39, Marina d'Agrò/Messina, Tel. 09 42 75 62 92, www.baiataormina.com)*. Allein der beeindruckende Blick vom Pool aus über das Meer gibt Kraft und innere Ausgeglichenheit. Anwendungen wie *Aromatic Beauty Touch* und *Recover Touch* tragen ein Übriges dazu bei. Weitere sizilianische Wellness-Hotspots und Spa-Neuheiten finden sich im Internet: *www.federterme.it*.

SICILY'S FESTIVAL FEVER

Kulturevents mit Kick

Moderne Eventfestivals wie das *Kals'Art (www.kalsart.it)* in Palermos historischem Stadtviertel La Kalsa und die *Orestiadi* Theater- und Filmfestspiele in Gibellina Vecchia sorgen für den kulturellen Kick: Bei den atemberaubenden Performances lokaler und internationaler Künstler kommt man aus dem Staunen nicht mehr heraus! Hier wird unter anderem das Neueste und Innovativste in Sachen Musik gezeigt. Die Tendenz geht zum Minimalistischen, dabei stehen Jazz und Ethnomusic hoch im Kurs. Die außergewöhnlichen Locations, z. B. das Mahnmal von Alberto Burri, sorgen zusätzlich für Flair. Promi-Alarm herrscht beim *TaorminaFilmFest*: Auf dem jährlich stattfindenden Event kann man Hollywoodstars wie Eric Bana, der zum Beispiel für *Troja* den Part des Hektor übernahm, oder Regisseure wie Curtis Hanson (u. a. *8 Mile*) über den Weg laufen *(Corso Umberto 19, www.taormina-arte.com)*.

> ALLTÄGLICHES DRAMA IN AUSSCHNITTEN

Von Kirche und Großfamilie, von Mafia und Auswanderung, vom carretto und vom corso

AUSWANDERUNG

Millionen Sizilianer, fast der gesamte Bevölkerungszuwachs der letzten 120 Jahre, sind ausgewandert, zuerst hauptsächlich in die USA und andere Länder in Übersee, dann nach dem Zweiten Weltkrieg in die westeuropäischen Industrieländer und nach Norditalien. Elend und Hoffnungslosigkeit haben besonders die Landbevölkerung aus der Heimat getrieben. Der Anschluss Siziliens 1860 an das geeinigte Italien brachte keine Bodenreform und keine sozialen Veränderungen für die Kleinpächter, Tagelöhner und Landarbeiter. Das Handwerk wurde durch Industriewaren aus Norditalien und dem Ausland rasch ruiniert. Die wichtigste Industrie Siziliens, der Schwefelbergbau, kam durch amerikanische Konkurrenz, die viel billiger produzierte, fast zum Erliegen.

Bild: San Giovanni degli Eremiti in Palermo

STICH WORTE

Besonders in den Großstädten Amerikas bildeten sich rasch sizilianische Kolonien, in denen sich – genau wie in der Heimat – die Mafia und andere Geheimorganisationen mit kriminellen Zielen zur beherrschenden Macht entwickelten. Heute ist die Auswanderung weitgehend zum Stillstand gekommen, obwohl die Arbeitslosigkeit besonders unter Jugendlichen immer noch bestürzend hoch ist.

CARRETTO SICILIANO

Transportmittel für die Bauern und Händler war bis zur großen Motorisierungswelle um 1960 fast ausschließlich der hochrädrige Karren. Die Räder und die Seitenbretter waren je nach Können des Wagenbauers und den Geldmitteln des Auftraggebers reich geschnitzt und über und über mit Bildern bedeckt, meist den Geschichten von Roland und den Paladinen Karls des Großen. Viele der Karren sind, in Teile zerlegt, in Privatsammlungen gelangt, andere stehen in den Museen für Volkskunst.

CORSO

Am Abend, noch vor Sonnenuntergang, beginnt die *passeggiata*, bei der alles auf den Beinen ist. Die Hauptstraße, der *corso*, oder der Hauptplatz, die *piazza*, sind dann für zwei Stunden Treffpunkt und Bühne, wo man sich zeigt und präsentiert, wo man für die Freunde, für alle und jeden da ist. Klatsch und Neuigkeiten werden ausgetauscht, Gerüchte auf den Weg gebracht. Die *passeggiata* ist die wohlkontrollierte Gelegenheit, sich zu verlieben und Zuneigung auszutauschen, Verlobungen und Ehen werden hier angebahnt und beschlossen, ebenso Geschäfte und Verträge.

FAMILIE

Die Großfamilie bestimmt nach wie vor stark die Lebensgewohnheiten, auch wenn sich daran in den Städten und bei der jungen Generation – nicht nur durch die Möglichkeit der Ehescheidung – seit einigen Jahren vieles verändert. Innerhalb des Familienverbands sind die Rollen und Aufgaben fest vergeben. Den Männern gehört die Außenwelt: die Arbeit auf den Feldern, die abendliche *passeggiata* auf der Piazza, die Bar. Den Frauen gehören das Haus, am Abend die Stufen vor dem Hauseingang oder das Stühlchen davor mit der Handarbeit und der Innenhof mit der Kleintierzucht, dem Gemüse- und Kräutergarten. Eifersuchtsdramen sind häufig, schon ein Verdacht führt oft zu blutigen Tragödien. Die wichtigste Frau im Leben des Manns ist dennoch nicht die Ehefrau, auch nicht die Geliebte, sondern die eigene Mutter. Sie kennt die Geheimnisse handgemachter Nudeln, der Soße dazu, sie ist stolz auf ihren Sohn, auf sein Auto, sein Haus, seine Kinder.

GIUSEPPE GARIBALDI

Der italienische Nationalheld wurde 1807 in Nizza geboren, nahm an der Geheimbewegung zur italienischen Einigung teil, floh 1834 nach Frankreich und Südamerika und kehrte 1848 wieder nach Italien zurück, wo er im Dienst des Königs von Piemont-Savoyen Freiwilligentruppen gegen Österreich und den Vatikan führte, zu denen damals große Teile Nord- und Mittelitaliens gehörten. Nach dem Misserfolg dieser Aktionen emigrierte er zuerst nach Amerika, dann auf die sardische Insel Caprera. Von dort aus organisierte er den „Zug der Tausend". Mit seinen Rothemden landete Garibaldi am 11. Mai 1860 in Marsala und schlug die bourbonischen Truppen am 15. Mai bei Calatafimi. Er bekam Zulauf aus allen sozialen Schichten. Am 6. Juni kapitulierte Palermo, am 28. Juli Messina. Am 7. September eroberte er Neapel, Hauptstadt des süditalienischen Königreichs. Und am 26. Oktober 1860 wurde das Königreich Italien mit König Vittorio Emanuele von Savoyen an der Spitze ausgerufen.

In der Wallfahrtskirche der heiligen Rosalia wird die Schutzpatronin von Palermo verehrt

KIRCHE

Bis auf die Albaner und die wachsende Zahl der für immer im Land lebenden Tunesier und Marokkaner sind praktisch alle Sizilianer katholisch. Die Kirche greift nach wie vor in die meisten Bereiche des Alltags ein und verschafft sich immer wieder mit Nachdruck Gehör. Ein Großteil der Kindergärten und viele Schulen sind in kirchlicher Hand, ebenso viele Sozialeinrichtungen. Der Einfluss der Nonnen auf Kinder und Mütter ist groß, auch wenn er vielfach oberflächlich bleibt und oft zu einer von Äußerlichkeiten geprägten Kirchlichkeit führt. Die Braut in Weiß und das kirchliche Begräbnis sind selbstverständlich, der regelmäßige Kirchenbesuch schon weniger. Hier sind die Frauen eindeutig aktiver, und zwar mit steigendem Alter.

Immer stärker engagieren sich kirchliche Basisgruppen, Priester, Ordensleute und auch kirchliche Würdenträger für Veränderungen. Die Mafia und die Angst vor ihr, Bau- und Bodenspekulation, politische Korruption, Umweltzerstörung, die rasant wachsende Drogensucht und Kleinkriminalität in den Städten, die Arbeitslosigkeit und der wieder zunehmende Analphabetismus finden auch von hier Antworten.

MAFIA

Die ehrenwerten Herren, die Paten und ihre Killer haben fast überall ihre Hände im Spiel, wo es um Macht und Geld geht. Drogen und Prostitution, das Schleusen von Flüchtlingen und Schutzgelderpressung sind der offen kriminelle Teil ihrer Geschäfte. Ein Geflecht von Freundschaften mit Politikern und Beamten bis ganz nach oben öffnet Wege ans große Geld für öffentliche Aufträge und für Subventionen, sorgt für kleine Arbeitsplätze und große Karrieren. Die Mafia ist ein Parallelstaat, dessen Machtinstrumente Korruption, Angst und Mord sind. Wer die *omertà*, die absolute Verschwiegenheit bricht, muss sterben. Tödlich sind auch die inneren Kämpfe, denn die meisten Toten stammen aus den eigenen Reihen, wenn neue Bosse und Familien ihren Anteil am Geschäft erkämpfen.

Die moderne Mafia der Großstädte operiert längst global, vernetzt legale und kriminelle Wirtschaft, besonders im Straßenbau, im Gesundheitswesen und in der Müllbeseitigung. Der jährliche Umsatz wurde 2005 auf mindestens 40 Mia. Euro geschätzt. Dieses Kapital wird immer mehr in der legalen Wirtschaft investiert, oft in feindlichen Übernahmen.

Mutige Menschen, die sich der Mafia entgegenstellen, riskieren immer noch ihr Leben, die Killer werden sogar brutaler, respektieren nicht einmal mehr Kinder. Doch haben zusammen mit Fahndungserfolgen und hohen Strafen ohne Begnadigungen Zusammenhalt und Selbstbewusstsein der Menschen die Mafia geschwächt. Statt für den Rest ihres Lebens schweigend im Gefängnis zu sitzen, packen viele Bosse aus. Ein Stück Hoffnung für die Zukunft sind die beschlagnahmten Ländereien und Betriebe verurteilter Bosse, die an Kooperativen gegeben werden, was auch ein Weg aus der Dauerarbeitslosigkeit auf dem Land ist. Sie produzieren unter dem Markennamen „Libera“ Pasta, Öl, Käse und Wein.

OPERA DEI PUPI

Das Marionettentheater war die Unterhaltung des Volks, bis das Fernsehen kam. Seitdem sind die Geschichten der Ritter Karls des Großen, ihre Kämpfe mit den Sarazenen und die Befreiung der schönen Genoveva mehr und mehr in Vergessenheit geraten. Die Figuren sind aus Holz gefertigt, bis zu 1 m groß, werden mit Eisenstangen geführt und sind sehr beweglich. Bei den zahlreichen Säbelgefechten auf der Bühne können auch Köpfe und Gliedmaßen rollen.

SARAZENENTÜRME

Die massigen, mal runden, mal quadratischen Türme prägen die Küsten Italiens und auch die Siziliens. Die nordafrikanischen Sarazenen tauchten im 9. Jh. mit ihren Schiffen an allen christlichen Mittelmeerufern auf, plünderten und zerstörten die Küs-

> TRINAKRIA

Siziliens Symbol seit der Antike

Der Frauenkopf mit den beiden Schlangen und Flügeln, aus dem drei Beine wachsen, ist seit der Antike das Symbol für Sizilien, Zeichen für seine Dreiecksgestalt, seine drei alten Provinzen, aber auch für das Sonnenrad und für Fruchtbarkeit. Das Wappen Siziliens begegnet einem überall – auf Postkarten und Souvenirs ebenso wie auf Marktkarren, Fischerbooten und LKWs oder Schildern von Bars und Läden, als Markenzeichen einer Brauerei in Messina, auf Stempeln, Fahnen, Internetseiten und amtlichen Briefköpfen.

tenorte, töteten die Bevölkerung oder verschleppten sie auf die Sklavenmärkte und drangen bis ins Landesinnere vor. Die gut befestigten Städte dagegen wurden nur selten angegriffen. Die Türme standen untereinander in Sichtkontakt, „telegrafiert" wurde mit Kanonenschüssen oder Feuersignalen.

Naturschutzgebiet direkt am Meer: Riserva dello Zingaro im Nordwesten der Insel

UMWELT

Umweltzerstörungen sind unübersehbar. Gigantische Industrialisierungsprojekte haben nördlich von Syrakus oder in Gela das Meer zur Kloake werden lassen und Luft und Boden vergiftet. Die ehemals fruchtbare, mit Gärten und Orangenhainen bestandene Conca d'Oro um Palermo ist durch Bauspekulation, Barackensiedlungen und wilde Müllkippen zerstört. Die Schäden durch eine auf langen Strecken irrwitzige Zersiedlung an den Küsten sind kaum noch rückgängig zu machen. Die Entwaldung der Gebirge begann mit den Griechen und führte zu Verkarstung und Bodenerosion, zu Erdrutschen, zum Versiegen von Quellen und zu spürbaren Klimaveränderungen.

Das Meer wird seit Jahrzehnten überfischt. Moderne Fangmethoden mit großen Schiffen und kilometerlangen Netzen haben viele Fischarten fast ganz verschwinden lassen. Buchstäblich fünf Minuten vor zwölf ist Umweltbewusstsein entstanden, sind wenigstens drei große Regionalparks (Ätna, Nebrodi und Madonie) und mehr als 50 Naturschutzgebiete unter tatsächlichen Schutz gestellt worden.

TEUFELSTANZ UND KARNEVAL

Die meisten sizilianischen Feste sind religiösen Ursprungs

> Für die Sizilianer ist die Osterwoche, die *settimana santa,* das wichtigste religiöse Ereignis des Jahrs, das auf vielfältige Weise begangen wird. Weitere festliche Höhepunkte im Jahr sind *Mariä Himmelfahrt*, wenn ganz Italien feiert, die *Madonnenwallfahrten* im September und *carnevale,* der Karneval, der in fast allen Orten Siziliens gefeiert wird.

GESETZLICHE FEIERTAGE

1. Jan. Neujahrstag; **6. Jan.** Dreikönigstag; **Ostermontag**; **25. April** Jahrestag der Befreiung vom Faschismus; **1. Mai** Tag der Arbeit; **2. Juni** Gründung der Republik; **15. Aug.** Mariä Himmelfahrt; **1. Nov.** Allerheiligen; **8. Dez.** Mariä Empfängnis; **25. Dez.** Weihnachten; **26. Dez.** Santo Stefano.

FESTE, FESTIVALS VERANSTALTUNGEN

3.–5. Feb.
Sant'Agata in Catania – Prozession der Schutzpatronin vor dem Ätna

Mitte Februar
Mandelblütenfest in Agrigent im Valle dei Templi – Musikkapellen und schöne Mädchen paradieren

Februar/März
Karnevalszüge mit Hunderten Karren und Masken in Sciacca und Acireale

Gründonnerstag
Prozession der Veronikas in Marsala (Mit dem Schleier der hl. Veronika wischte sich der kreuztragende Jesus den Schweiß ab.)

Karfreitag
Büßerprozession in Trapani – Hunderte vermummte Kapuzenmänner ziehen durch die Nacht.
I Giudei in San Fratello – ein burlesk-aggressives Volksfest Inside Tip

Ostern
Teufelstanz in Prizzi – farbig-schrille Austreibung des Winters

> EVENTS
FESTE & MEHR

Prozession und Tänze der Albaner in Piana degli Albanesi

15. Mai–30. Juni
Festival des griechischen Theaters in Syrakus – antike Tragödien dort, wo sie vor 2500 Jahren aufgeführt wurden

Juni–September
Orestiadi in Gibellina –Sommerfestival mit Kunst, Musik, Theater

Mitte Juni
Taormina Estate – Sommerfestival im griechisch-römischen Theater
Spettacoli Classici – antikes Schauspiel im Theater von Segesta

10.–15. Juni
Sant'Alfio in Trecastagni – Folklore, Parade sizilianischer Karren

27.–29. Juni
San Paolo e San Sebastiano in Palazzolo Acreide – die Prozession der Heiligen wird zur Konfettischlacht

11.–15. Juli
U Fistinu in Palermo – Rosalienfest (Palermos Schutzheilige) mit Festkarren, Prozessionen, Jahrmarkt und Konzerten

14. Aug.
Palio dei Normanni in Piazza Armerina – mittelalterliche Reiterkämpfe

14.–15. Aug.
Mata und Grifone in Messina – große, von Menschen getragene Figuren erinnern an die Befreiung von den Arabern.

Ende August
Ballo della Cordella in Petralia Sottana – Ringtanz in alten Trachten (Erntedank)

Ende September
Couscous und mediterrane Küche mit Köchen aus Sizilien, dem Orient und Nordafrika in San Vito Lo Capo

13. Dez.
Santa Lucia in Syrakus – Prozession und Lichterfest

> VIELE FREMDE KÖCHE

Essen wie die sizilianischen Fischer und Hirten – oder von den Speisen der Barone kosten

> Vergessen Sie die allbekannte italienische Standardküche mit Spaghetti Bolognese und *frittura*. Siziliens Küche ist anders, ist die Summe der kulinarischen Vorlieben aller fremden Herren und all ihrer Köche, die seit Jahrhunderten in Sizilien heimisch wurden.

Jede Kleinregion kocht anders: Fischer und Hirten, Bauern in den fruchtbaren Ebenen und Landarbeiter in den Weiten Innersiziliens haben unterschiedliche Zutaten. Die Küche der Barone birgt in den Schüsseln anderes als die der Dienstboten.

Allen ist die Liebe zu Farbe, zu Kreativität und Phantasie gemein, und scheinbar gewagte Kombinationen von süß, salzig, scharf und sauer werden in der Hand von sizilianischen Köchen und Küchenfeen zur harmonischen Einheit. Frisches Weißbrot, vielfach in orientalischer Tradition mit Sesam bestreut, und *pasta*, die allgegenwärtigen Nudeln, dürfen

ESSEN & TRINKEN

nie fehlen. Mit einem jährlichen Verbrauch von mehr als 100 kg pro Kopf sind die Sizilianer Rekordhalter in Italien. Die übrigen Hauptzutaten der traditionellen sizilianischen Küche sind so bunt wie die Marktauslagen. Meerestiere und Gemüse sind die Hauptsache. Oregano und wilder Fenchel, die in keinem Teil Siziliens fehlen, werden zusammen mit frischer Gartenminze und Basilikum immer reichlich verwendet.

Die Sizilianer essen recht spät, egal ob zu Mittag oder am Abend. Und sie essen gern, besonders im Restaurant – aber auch bei den zahlreichen Picknicks sonntags im Wald, in den Bergen oder am Strand kommt elementare Lebensfreude zum Vorschein. Essen ist Genuss, bedeutet frohe Stunden zusammen mit Freunden. Zum Sattwerden reicht ein gefülltes Brötchen, ein *panino*, oder auch etwas Fettgebackenes, wie die *arancini* genannten Reiskugeln oder Plätzchen aus Kichererbsen, *panelli.*

Ein Essen im Restaurant können Sie mit dem *antipasto* beginnen, das sich Italiener selten entgehen lassen, jene kleinen Köstlichkeiten, die Auge und Geschmacksnerven anregen. Es besteht aus Meerestieren, Pilzen, Oliven, geschmorten und marinierten Gemüsen, aus lokalem Käse, Schinken und Salami, dazu gibt es eventuell gekühlte Honigmelone oder frische Feigen. *Primo piatto*, der erste Gang, ist fast immer ein Nudelgericht, kann aber auch ein Risotto sein oder ein Teller mit *gnocchetti*, den

> SPEZIALITÄTEN

Genießen Sie die typisch sizilianische Küche!

alici marinate – marinierte Sardellen mit frischer Minze

cannoli – kleine, knusprige Teigröhren mit cremiger Ricottafüllung (Foto)

caponata – kalt serviertes süßsaures Auberginengemüse mit Tomaten, Oliven, Kapern und Kräutern

cicorie selvatiche – Wildgemüse (Zichorien, Löwenzahn, Rauke, Disteln, Fenchel, Borretsch), meist etwas bitter und herb, gibt es im Winter und Frühling

coniglio al agrodolce – Hauskaninchen, süßsauer mariniert

farsumagru – große Kalbfleischroulade (700–800 g), mit Fleisch, Eiern, Oliven, Brotkrumen und Kräutern gefüllt

insalata di arance – frisch aufgeschnittene Orangen mit milden Zwiebeln und Olivenöl

insalata di mare – Meeresfrüchte in einer leichten Marinade aus Olivenöl und Zitrone

maccheroni alla Norma – hausgemachte Pasta mit frischer Tomatensoße, gebratenen Auberginenscheiben und frischem oder geräuchertem Ricotta

maccu di fave – Saubohnenpüree mit Olivenöl und Wildkräutern

olive fritte – mit Knoblauch und Kräutern geschmorte schwarze Oliven

pasta con finocchio e sarde – Nudeln mit wildem Fenchel und frischen Sardinen

peperonata – Gemüsepaprika, im Backofen gegart, mit Öl und Essig mariniert

pesto alla trapanese – Soße aus rohen Tomaten und gestoßenen, angerösteten Mandeln

spaghetti/risotto col nero di seppia – Spaghetti oder Risotto mit Tintenfischen und deren Tinte

tagliatelle con ragù di maiale – Bandnudeln mit Schweineragout, pikant gewürzt

tonno alla marinara – mit Zwiebeln, Oliven, Kapern und Tomaten geschmorter Thunfisch

zuppa di pesce – Fischsuppe mit mindestens 4–5 Sorten Fisch, kleinen Tintenfischen und Heuschreckenkrebsen; Muscheln (z. B. *vongole*) und Scampi können ebenfalls drin sein

murmelgroßen Kartoffelklößchen, die mit einer leichten Tomatensoße serviert werden. Nordafrikanischen Ursprungs ist der *cuscus alla trapanese*, wobei der gedämpfte Weizengrieß mit einer pikanten Fischsuppe angerichtet wird.

Der *secondo piatto* ist das Hauptgericht mit Meerestieren, Fleisch oder Eiern, dazu – separat bestellt – die Beilage *(contorno)* in Gestalt von Salat oder gekochtem Gemüse, das in Sizilien oft kalt gegessen wird. Die Meerenge von Messina und die Nordküste zwischen Cefalù und den Liparischen Inseln sind im Sommer das Schwertfischrevier Italiens. Das magere Fleisch des Schwertfischs wird über Holzkohle gegrillt oder mit süßen Tomaten, Kapern und Kräutern gedünstet oder als Steak mit einer Soße aus Öl, Zitrone, Knoblauch und Oregano serviert *(pesce spada al sammurighiu)*. Im Landesinneren bestimmen Lammfleisch, Kaninchen, Huhn und die grobe sizilianische Bratwurst, die *salsiccia* (aus reinem Schweinefleisch mit Fenchelsamen, Pfeffer und etwas Weißwein abgeschmeckt) die Küche.

Sizilianer schließen das Essen immer mit einem Nachtisch ab, normalerweise mit Früchten der Jahreszeit. Den Abschluss eines Festessens hingegen bildet immer ein *dolce* wie Mandelkonfekt – zartcremige Tortenstückchen, oft in Likör getränkt. Die berühmten *martorana*, die Früchte perfekt aus Mandelteig nachbilden, sind eher für das Auge bestimmt.

Die Sizilianer sehen sich als die Erfinder des Speiseeises. Der Schnee vom Ätna diente noch im 19. Jh. als natürliches Kühlmittel. Unter dicken Strohpackungen wurde er in die Städte gebracht. Man lagerte ihn in Höhlen und Kellern. Fruchteis wird immer aus frischer Frucht hergestellt. Besonders beliebt ist das Eis von Walderdbeeren. Die *granita* ist schneeartiges Wassereis, das mit Fruchtmark, Mandelmilch oder Espresso angerührt wird und besonders erfrischend ist.

Beliebt als Digestif und zwischendurch: der sizilianische Kräuterbitter *amaro*

Neben dem auf der Insel angebauten Wein ist das wichtigste Getränk Wasser. Ein Hochgenuss sind Mandelmilch *(latte di mandorla)* und frischer Orangen- oder Zitronensaft *(spremuta di arancia o di limone)*. Und auf einen Espresso, den *caffè*, schnell eine Bar zu besuchen, dazu ist ein Sizilianer jederzeit bereit.

MAJOLIKA ODER MARIONETTEN

Noch gibt es eine Auswahl zwischen solider Handwerksarbeit und Massenprodukten

> Kunsthandwerk hat in Sizilien Tradition, bestimmt auch heute noch das Bild vieler Orte. Während viele Handwerke aus dem Alltag verschwunden sind – Schneider, Schuhmacher, Karrenbauer, Kesselschmiede und Korbflechter –, sind Siziliens Keramiker, Marionettenschnitzer, Deckenweber höchst produktiv. Die Nachfrage ist groß, nicht nur von Sizilienbesuchern – auch die Sizilianer selbst haben das Kunsthandwerk ihrer Insel wiederentdeckt. Gute Stücke sind nicht immer leicht zu finden und haben ihren Preis. Schnäppchen wird man hier ebenso wenig machen wie in Siziliens Antiquitätengeschäften. Und natürlich gibt es auch die industrialisierte Souvenirherstellung mit ihrem Andenkenkitsch.

FLECHTARBEITEN

Ganz im Westen der Insel wachsen in Küstennähe Zwergpalmen, aus deren Blattwedeln nach alten Vorbildern leichte, formschöne Taschen, Matten und Hüte geflochten werden. In Scopello und San Vito lo Capo wird man fündig.

KERAMIK

In der Keramik Siziliens haben sich schon immer Kreativität und Farbenfreude ausgedrückt. Noch gibt es Werke auf hohem und höchstem Niveau in Caltagirone, Burgio, Sciacca und Santo Stefano di Camastra. Ein großer Teil der Keramik, neben bunten, glasierten Majolikakacheln vor allem Terrakottafiguren oder die Modelle sizilianischer Karren, ist traditionellen Vorbildern nachempfunden.

KORALLEN & SCHMUCK

Die Korallenverarbeitung, für die einst Trapani im ganzen Mittelmeerraum berühmt war, ist fast verschwunden, nachdem die Korallengründe vor der Küste Westsiziliens völlig geplündert sind und die Korallenwerkstätten von Torre del Greco bei Neapel, die längst schon mit Rohmaterial aus den tropischen Meeren arbeiten, den Großhandel fest im Griff haben.

Die *vu cumprà,* die Strandhändler, bieten neben viel Tand auch gute Sachen an, etwa Schmuck aus Silberdraht, Muscheln

> EINKAUFEN

und bunten Perlen, der sich durchaus sehen lassen kann.

LEBENSMITTEL

Sizilien gehört zum unterentwickelten Süden Italiens, der noch heute in großen Zonen fast ausschließlich von der Landwirtschaft lebt. Die Hauptprodukte sind Weizen, Wein, Olivenöl, Mandeln und Zitrusfrüchte – die Region produziert weit über die Hälfte der italienischen Zitronen und Orangen.

Siziliens Weinproduktion ist, was Menge und Qualität angeht, beachtlich, wobei sehr viele Kellereien in den letzten Jahren weg von den traditionellen schweren und sehr alkoholreichen zu leichten, aber aromatischen Weinen übergegangen sind.

In den Käsereien *(caseificio)* im Landesinneren und den kleinen Wurstfabriken *(salumificio)* in den Nebrodi-Bergen und den Hochebenen der Provinz Ragusa macht man Ihnen gern den Käse von Schaf, Kuh oder Ziege und die Salami durch Einschweißen transportfreundlich.

MARIONETTEN

Berühmt sind die sizilianischen Marionetten, die aus verschiedenen Materialien gefertigt werden. Die Künstler übertreffen sich gegenseitig im Ausdruck ihrer Figuren. Doch auch hier gibt es natürlich inzwischen Massenproduktionen, zum Beispiel Marionetten der Paladine Karls des Großen in allen Varianten.

MODE & DESIGN

Italienisches Design und Mode bekommen Sie dort, wo geschmackssichere Sizilianer einkaufen – in den Einkaufsmeilen von Catania um die Via Etnea und von Palermo um die Via Maqueda. Und natürlich auch, aber meist viel teurer, in den Boutiquen von Taormina und Lipari. Auf den Märkten überwiegen Billigware und Markenimitate. Oder Sie greifen beim Straßenhändler zum Textil ganz in Rosa und outen sich als Fan des Fußball-Erstligisten US Palermo.

Die Frauen in vielen Dörfern des Landesinneren sticken und häkeln, sie weben Teppiche und Decken noch von Hand.

> ÜBERLEBENSGROSS DER ÄTNA

Sizilien geballt: Gipfel, Schluchten, Strände und ein buntes urbanes Leben

> Unmittelbar hinter einem schmalen Küstensaum steigen die Berge der Peloritani-Kette auf, deren Kamm vielfach noch von dichten Wäldern bedeckt ist. Die tieferen Lagen und die kurzen, steilen Schluchten sind dicht besiedeltes Gartenland.

Längs der Küste reiht sich ein Ort an den anderen. Im Norden vorgelagert sind die sieben Liparischen Inseln, die vulkanischen Ursprungs sind. Südlich der Alcantara-Mündung erhebt sich der Ätna, Europas mächtigster Vulkan, der alle Klima- und Vegetationsstufen Siziliens umfasst. Bis in mittlere Lagen ist der Boden hier sehr fruchtbar. Trotz aller vulkanischen Katastrophen ist die Besiedlung dicht. Großartige Natur wie der Ätna und die wenig bekannten Nebrodi-Berge, Kunst und Archäologie, Strände in landschaftlicher Vielfalt, Ferienorte wie Acireale oder Taormina – alles liegt dicht beisammen.

Bild: Taormina, Amphitheater und Ätna

DER NORDOSTEN

ACIREALE

[129 E1] Acireale (48 000 Ew.) liegt mit seinen kleinen Nachbarorten auf einer hohen Lavaterrasse über dem Ionischen Meer, eingebettet in endlose Zitronengärten, deren metallisch grünes Blätterdach von hohen Palmen überragt wird. Dem Zitronenhandel, aber noch mehr seinen von der Antike bis in die heutige Zeit genutzten Heilquellen verdankt die grazile Barockstadt ihren Reichtum. Prachtvolle Fassaden bestimmen das Bild der Hauptstraßen und der Plätze, Villen und Parks wie der der Villa Belvedere liegen am Rand der Stadt. Am Vormittag und am Abend sollten Sie das urbane Leben auf den drei ineinander übergehenden Hauptplätzen genießen, den Anblick des Rathauses, des Doms und der Barockkirchen. In den Straßen dahinter gibt es vormittags einen schönen Straßenmarkt.

ACIREALE

ESSEN & TRINKEN

LA GROTTA
Feines Fischlokal in einer Höhle im kleinen Fischerort Santa Maria La Scala. *Di geschl. | Via Scalo Grande | Tel. 09 57 64 81 53* | €€–€€€

ÜBERNACHTEN

Acireale und die kleinen Küstenorte im Umkreis sind stark auf Kongresse und Gruppentourismus eingestellt. Familiäre Hotels finden Sie dagegen in den Dörfern der mittleren Hanglagen des Ätna.

Sauer: Zitronen wachsen hier überall

AGRITURISMO IL LIMONETO
In *Scillichenti* über der Steilküste gelegen mit Garten und Blick auf Meer und Ätna. *3 Ferienwohnungen | Strada Prov. Acireale–Riposto | Tel./Fax 095 88 65 68 | www.illimoneto.it* | €

MAUGERI
Ordentliches Hotel mit guter Küche, im Zentrum. *44 Zi. | Piazza Garibaldi 27 | Tel. 095 60 86 66 | Fax 095 60 87 28 | www.hotel-maugeri.it* | €€€

STRÄNDE

Fels- und Steinküste überwiegt, es gibt nur einige winzige Sandstrände. Die Hauptbadeorte sind die Fischerdörfer *Santa Tecla* und *Santa Maria La Scala* [131 E5].

AM ABEND

In Acireale hat das Marionettentheater lange Tradition. Wann und wo Aufführungen stattfinden, erfahren Sie über das Fremdenverkehrsamt.

AUSKUNFT

AAST: Via Oreste Scionti 15 | Tel. 095 89 19 99 | Fax 095 89 31 34 | www.acirealeturismo.it

ZIELE IN DER UMGEBUNG

SANT'ALFIO [129 E1]
Das Bergdorf am Ätnahang, 23 km nördlich von Acireale, liegt im Grünen, es ist bekannt für seine Kirschen. An der Straße nach Milo steht Siziliens größter Baum, der *Centocavalli,* eine auf 1200 Jahre geschätzte Edelkastanie, unter deren Blätterdach früher arme Familien ihre Hütten aufschlugen. Im Restaurant der nahen *Azienda Agrituristica Cirasella (4 Apt. | Tel. 095 96 80 00 | www.cirasellaetna.com | €)* können Sie im Schatten hoher Bäume gut essen.

ZAFFERANA ETNEA [129 D1]
Das Dorf liegt 21 km von Acireale entfernt unterhalb des mächtigen Vulkantals Valle del Bove in Gärten und Kastanienwäldern und ist als Ferienort wegen des gesunden Klimas und

der guten Küche beliebt. Es ist ein wichtiger Ausgangspunkte für Ausflüge auf den Vulkan: Zum Rifugio Sapienza sind es 18 km, zum Piano Provenzana 20 km.

Insider Tipp Das *Caffè Donna Peppina* an der zentralen Piazza Umberto ist bekannt für sein Gebäck und die Törtchen. Wer es weniger süß mag, bekommt dort auch mit Käse, Sardellen oder Oliven gefüllte Blätterteigtaschen. Die angenehmen, familiären Mittelklassehotels *Primavera dell'Etna (57 Zi. | Tel. 09 57 08 23 48 | Fax 09 57 08 16 95 | www.hotel-primavera.it | €€)*, das mitten in einem alten Olivenhain liegt, und *Airone (62 Zi. | Tel. 09 57 08 18 19 | Fax 09 57 08 21 42 | www.hotel-airone.it | €€–€€€)* mit sehr schöner Aussicht liegen oberhalb des Orts an der Straße zum Rifugio Sapienza, beide mit sehr guter bodenständiger Küche.

CATANIA

KARTE IN DER HINTEREN UMSCHLAGKLAPPE

[129 D2] Gerade durchzieht die *Via Etnea* Catania (380 000 Ew.) vom alten Hafen über den Domplatz, wo die andere Hauptachse, die *Via Vittorio Emanuele*, kreuzt. Schließlich mündet sie in den Vororten in die Straße nach Nicolosi und zum Ätna ein,

Süß: Küchlein aus Mandeln und Pistazien

dessen Hauptgipfel keine 35 km von der Stadt entfernt liegen. Die auch in den letzten Jahren aktiven Krater liegen jedoch viel näher an Catania, das mehrfach von der Lava überflutet wurde. Vor 300 Jahren hat eine Lavazunge den damaligen Hafen aufgefüllt, kurz vor dem *Castello Ursino* kam sie zum Stehen.

Vernichtender in der Geschichte Catanias waren aber immer die vom Vulkan ausgelösten Erdbeben. Dem letzten, 1693, verdankt die Stadt ihre

MARCO POLO HIGHLIGHTS

★ **Alcantara-Schlucht**
Grandioser Flussdurchbruch (Seite 45)

★ **Ferrovia Circumetnea**
Ätna-Rundfahrt mit der schmalspurigen Kleinbahn von Catania aus (Seite 38)

★ **Fischmarkt**
Der schönste Markt Siziliens in Catania (Seite 34)

★ **Tindari**
Toller Blick auf Lipari & Co (Seite 42)

★ **Ätna**
Der größte aktive Vulkan Europas (Seite 36)

★ **Teatro Greco-Romano**
Ein Traumblick auf Ätna und Meer bei Taormina (Seite 43)

Architektur aus einem Guss in tiefschwarzem Lavabarock. Den weiß abgesetzten Kalkstein und Putz haben Industrie und Autos mit ihrem Ruß geschwärzt.

SEHENSWERTES

CASTELLO URSINO

Das ganz aus schwarzen Lavaquadern errichtete Kastell mit seinen vier massigen Ecktürmen ist Catanias einziger Bau aus dem Mittelalter. Das Kastell wurde 1669 von den Lavamassen umflossen. Heute beherbergt es das *Museo Civico* mit Antikensammlung, Gemäldegalerie, Waffen- und Keramiksammlung, außerdem eine interessante Sammlung von Gemälden und Stichen lokaler Künstler mit Ansichten des Ätna. Die Räume und der Innenhof geben ein anschauliches Bild einer mittelalterlichen Stadtburg. *Mo–Sa 9–13 Uhr | Piazza Federico di Svevia | 5 Min. südl. der Piazza Duomo | Eintritt frei*

DOM SANT' AGATA

Der Schutzpatronin der Stadt, der heiligen Agata, geweiht, deren Reliquien hier aufbewahrt werden, ist der Dom nach 1693 auf dem Grundriss einer normannischen Vorgängerkirche errichtet worden, von der nur Teile des Querhauses und die Chorapsiden stehen geblieben waren. In der Sakristei befindet sich ein Fresko, das den Ausbruch des Ätna von 1669 darstellt.

PIAZZA DUOMO

Der Domplatz mit dem schwarzen Lavaelefanten ist das vitale Zentrum der Stadt, hier beginnen die Haupteinkaufsstraßen. Zum Fischmarkt an der Porta Uzeda sind es nur wenige Schritte, und um den Platz stehen die riesigen Barockpaläste der Nobilität und der hohen Geistlichkeit.

TEATRO BELLINI

Der Prachtbau ist mit Stuck, Gold, rotem Samt und großflächigen Historienmalereien ausgestattet und wurde 1890 mit der Bellini-Oper „Norma" eingeweiht.

VIA CROCIFERI

Die ruhige Palast- und Kirchenstraße verläuft parallel zur Via Etnea auf halber Höhe und führt, vorbei an Villen mit kleinen Parks, zur Universität.

VILLA BELLINI

Der Park liegt in den Gründerzeitvierteln des 19. Jhs. Er ist dem aus Catania stammenden Opernkomponisten Vincenzo Bellini gewidmet. Man kann die im Park aufgestellten Büsten bedeutender Sizilianer betrachten, außerdem gibt es einen Musikpavillon des Jugendstils sowie einen Aussichtshügel.

ESSEN & TRINKEN

Die Küche Catanias vereinigt die sizilianische Meeresküche mit vielen bunten Gemüseplatten und Käse und Pilzen vom Ätna. Berühmt ist das Fruchteis, das Sie in der Via Etnea in den großen Konditoreien serviert bekommen.

TRATTORIA DEL CAVALIERE

In der Altstadt mit bodenständiger Meeresküche, viel Auswahl am Buffet. *Mi geschl. | Via Housernò 11 | Tel. 095 31 04 91* | €€

METRÒ
Feine Fischgerichte und vorzügliche *dolci,* Tische im Saal und im Freien. *So geschl. | Via Crociferi 76 | Tel. 095 32 20 98 |* €€–€€€

OSTERIA ANTICA MARINA
Mitten im Pescheria-Viertel, wo vormittags der Markt brodelt. Alle Arten Meerestiere. *Mi geschl. | Via Pardo 29 | Tel. 095 34 81 97 |* €€

EINKAUFEN

Catania hat das übliche Warenangebot einer süditalienischen Großstadt. Für einen Spaziergang über den ★ *Fischmarkt* an der *Porta Uzeda* im Pescheria-Viertel sollten Sie sich unbedingt ausreichend Zeit nehmen: Er ist Siziliens schönster und vitalster Markt, auf dem es nicht nur Fisch, sondern sämtliche Lebensmittel gibt. Denken Sie allerdings im Rausch von Farben, Gerüchen und Geschrei auch daran, dass gerade auf Märkten wegen des Gedränges gern Taschendiebe arbeiten.

ÜBERNACHTEN

SAVONA
Zentral und trotzdem ruhig gelegen, wenige Schritte von der Piazza Duomo. Die einfachen Zimmer, sind groß und sauber. *30 Zi. | Via Emanuele 210 | Tel./Fax 095 32 69 82 | www.hotelsavona.it |* €€€

VILLA PARADISO
Stilecht ausgestattete Jugendstilvilla in großem Garten mit Pool, Blick auf die Stadt, Privatstrand am Meer. *34 Zi. | in San Giovanni della Punta an der Straße nach Viagrande/Ätna (8 km) | Tel. 09 57 51 24 09 | Fax*

Geflügel und Gemüse, Fisch und Fleisch: Markt an der Porta Uzeda

09 57 41 38 61 | www.paradisoetna.it | €€€

AUSKUNFT

APT: Via Cimarosa 10 | Tel. 09 57 30 62 11 und *09 57 30 62 22 | Fax 095 31 64 07 | www.apt.catania.it | weitere Büros in der Via Etnea 63, im Bahnhof und am Flughafen*

ZIELE IN DER UMGEBUNG

ÄTNA ★ **[129 D1]**

33 km von Catania entfernt liegt Europas größter Vulkan. Der Ätna (3369 m) ist der Herrscher Siziliens, bei klarem Wetter ist er auch von Westsizilien aus zu sehen. Von seiner Innersizilien zugekehrten Seite zeigt er sich als kahler Riese, gelb verbrannt. Nur im Frühjahr wird er hellgrün vom frischen Gras; seine Schneekappe taut aber auch im Sommer nicht immer ab.

Für die Ätna-Südseite sind *Nicolosi, Trecastagni* und *Zafferana Etnea* die besten Ausgangsorte. Von dort sind es noch 20 km bis *Rifugio Sapienza* (1881 m), wo die Asphaltstraßen und auch die Buslinie von Catania und Nicolosi enden *(Abfahrt Catania/Bahnhofsplatz tgl. 8.15 Uhr, Nicolosi 9 Uhr, Rückfahrt ab Rifugio Sapienza 16.30 Uhr)*. Das *Rifugio Sapienza (25 Zi. | Tel. 095 91 61 07 | €)* wurde 2002 von der Lava stark beschädigt und ist nun renoviert. 500 m

> BLOGS & PODCASTS

Gute Tagebücher und Files im Internet

Blogs und Internettagebücher, Foren von Sizilianern gibt es eine ganze Menge. Ihre Sprache ist italienisch, manchmal auch sizilianisch. Die Themen sind der Alltag, Mafia, Studium und Arbeit (die fehlende häufiger als die vorhandene), Landpartien und Stadtkultur, Essen und Musik ...

> *http://svevazza.spaces.live.com* – Fotos und Texte des zweisprachigen Blogs (deutsch und italienisch) stammen von einer jungen Deutschen, die in Palermo lebt, und ihren sizilianischen Freunden. Viele Links zu Szene, Alltag und Antimafia.

> *www.italienforum.info* – Ein höchst aktives Forum zu allen nur möglichen Themen: Italien nicht nur touristisch vom Brenner bis Sizilien, sondern auch letzte Infos von Mafia bis zum Auswandern (eines der häufigen Themen). Viele Poster leben ganz oder zeitweise in Italien.

> *http://wordpress.sicilian.net* – Mehrsprachiger Reiseblog, Schwerpunkte sind gute Küche, Aktivurlaub, Engagement gegen die Mafia, für die Natur und selbstbestimmtes Leben.

> Bei Deutschlandradio, Bayern 2, WDR, MDR Figaro kann man seit 2006 Reportagen, Features, Musiksendungen herunterladen. Man muss sich etwas durchfummeln, damit man Sendungen zu Italien und Sizilien findet. Eine Übersicht gibt es unter *http://www.ard.de/home/podcast/-/id=365212/1jzcgs8/index.html*.

weiter liegt das komfortablere Hotel *Corsaro (20 Zi. | Tel. 09 59 14 22 | Fax 09 57 80 10 24 | www.hotelcorsaro.it | €€)*. Hier beginnt die Seilbahn, deren Bergstation auf 2500 m liegt. Auf den Pisten verkehren geländegängige Kleinbusse bis *Torre del Filosofo* (2919 m), Hin- und Rückfahrt mit Führung kosten 55 Euro. Absperrungen sollen Sie nicht von Urlaubserlebnissen mit Nervenkitzel abhalten, sondern Sie vor lebensgefährlichen Situationen bewahren.

Die Ausbrüche seit 2001 und 2006 waren die schwersten seit Jahrzehnten. Sie haben nicht nur die weit oben liegende Landschaft völlig verändert. Die Lava floss bis weit hinunter in

Seit Urzeiten gestaltet der Ätna die Landschaft, und seit Anfang 2006 spuckt er wieder Feuer

Führer in die Gipfelregion finden Sie an der Talstation der Seilbahn, Wegmarkierungen gibt es nicht. Touren auf eigene Faust sind nur bis Torre del Filosofo erlaubt und gefährlich, besonders bei Ausbrüchen und plötzlich aufziehendem Nebel. Flüssige Lava hat Temperaturen von 800–1500 Grad! Vulkanbomben fliegen mit Überschallgeschwindigkeit und wiegen von 5 kg bis über 1000 kg. Ihre Nahaufnahmen machen Sie besser mit dem Tele. Die dicht besiedelte Gebiete und kam erst wenige Kilometer vor Nicolosi, Pedara, Zafferana und Milo zum Stehen, zerstörte Häuser, Straßen, Wälder und Felder. *Piano Provenzana* und *Rifugio Sapienza* sind die beiden Hauptausgangspunkte für Touren auf den Vulkangipfel. Informieren Sie sich beim *Büro der Bergführer* in Nicolosi *(Tel. 09 57 97 14 55)* oder Linguaglossa *(Tel. 09 57 77 45 02)* und bei der *Ätnaseilbahn (Tel. 095 91 41 41)*. Aktuelle Informationen über die Ätnaregion finden Sie im Internet u. a. unter *www.ct.ingv.it*, *www.vulkan-etna-update.de*, *www.etnaguide.com* und *www.siciltrek.ch*. Unbedingt Winterkleidung und Bergschuhe anziehen! Und früh aufstehen – später am Tag liegt der Gipfel oft in Wolken. Wandersaison ist von Mitte Mai bis Ende Oktober.

Auf dem Weg zu den Gipfelkratern sehen Sie breite, frische Lavafelder, die sich über den Wald, die Felder und Gärten ergossen haben. Nach wenigen Jahren der Verwitterung verändert sich die Oberfläche der Lava von Tiefschwarz zu mattem Grau, die ersten Pionierpflanzen wurzeln. Nach 20 Jahren breitet sich der Ginster aus, dessen gelbe Blütenmeere im Frühsommer zusammen mit der schwarzen Erde die Hauptfarben des Vulkanbereichs sind. Wälder, meist aus Bergkiefern und Edelkastanien, herrschen vor, und oberhalb von 1800 m beginnt die Zone, in der sich inmitten der vulkanischen Wüste nur noch flache Polster von Sträuchern oder Kräutern behaupten können.

Nicolosi ist im Süden Basisort für Exkursionen. 1 km oberhalb des Orts gibt es in der *Pineta der Monti Rossi* Insider Tipp (Krater von 1669) gekennzeichnete Wanderwege. Auskunft über Straßenverhältnisse, Seilbahn, Schutzhütten, geführte Wanderungen: *SITAS (Piazza Vittorio Emanuele 45 | Tel. 095 91 41 41 | www.funiviaetna.com); AAST (www.aast-nicolosi.it). Büro des Ätna-Naturparks: Via del Convento 45 | Tel. 095 82 11 11 | www.parcoetna.it.* Unterkunft: *Jugendherberge (24 Betten | Via della Quercia 7 | Tel. 09 57 91 46 86 | www.etnagardenhostel.com).*

> LOW BUDGET

- > *Ostello Odyssey* : Jugendherberge mit fünf Vierbett-Zimmern in einem modernen Viertel von Taormina. *Via G. Martino/Fontana Vecchia | Tel. 094 22 45 33 u. 34 98 10 77 33 | www.taormina odyssey.com*
- > *Etoile d'Or:* Schicke, immer gesteckt volle Bar mit interessantem Publikum, deren *tavola calda* Insider Tipp eine Riesenauswahl bietet. In den Arkaden am Markt von Catania. *So geschl. | Via Dusmet*
- > Mitten im Pescheria-Viertel von Catania ist die Jugendherberge *Ostello Agorà* in einem alten Bürgerhaus untergebracht. Mit Trattoria, rund um die Uhr offen. *63 Betten | Piazza Currò 6 | Tel./Fax 09 57 23 30 10 | www.agorahostel.com*
- > In der *Casa delle Crispelle Cordai* in Acireale serviert man Crêpes: süß und salzig, frisch aus der Pfanne. *Nur abends | Mo. geschl. | Via Vittorio Emanuele 3*

FERROVIA CIRCUMETNEA ★

Die schmalspurige Kleinbahn FCE führt von Catania auf der Ätna-Rückseite nach *Randazzo* **[126 C5]** und von dort über *Linguaglossa* nach *Giarre* **[129 E1]** am Ionischen Meer. *www.circumetnea.it*

LINGUAGLOSSA

[127 D6] Das Dorf (5500 Ew.) liegt inmitten üppiger Weingärten und Haselnusshaine auf einer Lavazunge. Wie in anderen Ätna-Dörfern prägt der Barock das Orts-

Am Rand des Vulkans: Wanderung zu den Gipfelkratern des Ätna

bild. In der Hauptkirche befindet sich ein wertvoller Altar aus Kirschholz. Hier beginnt die Panoramastraße *Mareneve,* die Nord- und Südseite des Vulkans verbindet.

SEHENSWERTES

Im Gebäude des Fremdenverkehrsamts *Pro Loco* ist ein kleines Museum über die Natur und Vulkanologie des Ätna untergebracht. *Vormittags geöffnet | Eintritt frei*

ÜBERNACHTEN

AGRITURISMO L'ANTICA VIGNA

Weingut mit ruhigen Zimmern und guter Küche, Direktverkauf. *10 Zi. | an der Straße nach Randazzo in Montelaguardia | Tel. 095 92 40 03 | www.anticavigna.it* | €€

HAPPY DAY

Familiäres Mittelklassehotel am Rand von Linguaglossa. *13 Zi. | Via Mareneve 9 | Tel. 095 64 34 84 | Fax 09 57 77 44 72* | €€

FREIZEIT & SPORT

Piano Provenzana auf 1810 m **[126 C6]** ist das wichtigste Wintersportgebiet auf dem Ätna und und Ausgangspunkt für Jeeptouren Richtung Gipfel *(Tel. 095 30 96 48 | www.etnadiscovery.com).* Hier endet die 20 km lange Straße *Mareneve* („Meer und Schnee"). Im Herbst 2002 wurde die Hochebene mit den Hotels, Hütten, Seilbahnen, den Kiefern- und Birkenwäldern von glühenden Lavamassen begraben. Die erstarrten schwarzen Ströme sind mehr als eindrucksvoll, ebenso die Vitalität der Natur unmittelbar neben der Todeszone. Gipfeltouren zu Fuß und mit dem Mountainbike sollten nur sehr erfahrene Tourer machen, die sich zuvor vor Ort mit lokalen Bergführern in Verbindung gesetzt haben.

AUSKUNFT

Pro Loco: Büro an der Piazza Annunziata | Tel./Fax 095 64 30 94 | www.prolocolinguaglossa.it

MESSINA

[127 E4] **Für die meisten Sizilienreisenden ist Messina (240 000 Ew.) das Tor zu Sizilien. Die Stadt ist modern, sie hat breite und gerade Straßen.** Und sie ist voll geschäftigen Lebens, schon am Bahnhof und an den Fähranlegern, noch mehr aber in den Hauptgeschäftsstraßen, der *Via San Martino*, der baumbestandenen *Piazza Cairoli* und der *Via Garibaldi*. Etwas abseits liegt das alte Herz von Messina um die *Piazza Duomo*. Auch hier wie sonst in Messina steht kaum ein Stein länger als seit 1908 auf dem anderen, als ein schweres Erdbeben beide Seiten der Meerenge verwüstete. Die Stadt entstand wieder neu aus den Trümmern.

SEHENSWERTES

DOM

Zuerst 1197 im normannischen Stil errichtet, dann nach dem Erdbeben von 1908 und nach Bombardements im Krieg 1943 vollkommen wiederhergestellt. Im Glockenturm eine astronomische Uhr aus Straßburg (1933), die mittags eine Figurenparade zeigt. Der *Orionsbrunnen* auf dem Domplatz ist ein Werk der Florentiner Renaissance.

MUSEO REGIONALE

Das Museum enthält eine Gemäldegalerie, es zeigt archäologische Ausstellungen, Kleinkunst und Majolika. Zu den wertvollsten Objekten gehören ein Altarbild des Sizilianers Antonello Da Messina und zwei Bilder Caravaggios. *Straße nach Punta del Faro | Di–Sa 9–13.30 Uhr, Di, Do, Sa auch 16–18.30, So 9–12.30 Uhr | Eintritt 6 Euro*

NEPTUNSBRUNNEN

An der Uferstraße steht der Neptunsbrunnen in einem kleinen Park mit Palmen und Blick über den *Stretto*. Dort ist auch das *Aquarium* untergebracht, das Fische des Mittelmeers und der Meerenge zeigt.

SANTISSIMA ANNUNZIATA DEI CATALANI

Messinas einziges Bauwerk aus dem Mittelalter. Die Kirche wurde unter normannischer Herrschaft im 12. und 13. Jh. nach byzantinischen Vorbildern errichtet, mit Kuppeln und viel Ziermauerwerk.

ESSEN & TRINKEN

AL PADRINO

Lebhafte Trattoria im Zentrum mit der schmackhaften Küche der einfachen Leute: viel Gemüse, Nudeln und Fisch. *So geschl. | Via Santa Cecilia 54 | Tel. 09 02 92 10 00 | €*

LE DUE SORELLE

Insider Tipp

Kleines Restaurant mit kreativer Mittelmeerküche und großem Weinangebot. *Mo geschl. | Piazza Municipio 4 | Tel 09 04 47 20 | €€*

ÜBERNACHTEN

JOLLY DELLO STRETTO

Am oberen Ende des Hafens mit schöner Aussicht. *96 Zi., Via Garibaldi 126 | Tel. 090 36 38 60 | Fax 09 05 90 25 26 | www.jollyhotels.it | €€–€€€*

SCILLA E CARIDDI

Moderne Villa in großem Garten, im Gründerzeitstil eingerichtet, mit Blick auf den Stretto. *8 Zi. | Viale Annunziata (3 km nordöstl.) | Tel. 090 35 78 49 | www.scillaecariddi.com | €€*

Im Dom von Messina: bunt bemalte Decke und grafische Fußbodenmosaiken

AUSKUNFT

AAST: Piazza Cairoli 45 | Tel. 09 02 93 52 92 | Fax 090 69 47 80 | www.azienturismomessina.it

APT: Via Calabria Is. 301bis | Tel. 090 67 42 36 | www.aptmessina.it

ZIEL IN DER UMGEBUNG

PUNTA DEL FARO [127 F1]

Eine 15 km lange Fahrt längs der Küste geht zur Nordostspitze Siziliens, zu Skylla und Charybdis – „Scilla e Cariddi", den in der Odysseus-Sage zu Ungeheuern personifizierten Strudeln und Untiefen, die für die Seefahrt im *Stretto* gefährlich waren. Ab Frühjahr ziehen hier die Schwertfische ins Ionische Meer; ihnen folgen die Fangboote, auf deren bis zu 20 m langen Auslegern die Harpuniere lauern. An die Feriensiedlung um die beiden für ihre Muschelzucht berühmten Lagunenteiche schließt sich entlang der Nordküste ein teilweise stark zersiedelter Sandstrand von 10 km Länge an. In *Ganzirri* gibt es zum Blick auf die Meerenge Muscheln und Fisch in der *Trattoria Napoletana (Mi geschl. | Tel. 090 39 10 32 | €–€€).*

MILAZZO

[127 D4] **Die Stadt (30 000 Ew.) liegt am Beginn der 6 km langen, schmalen Halbinsel, die im Bereich des Capo Milazzo unter der Steilküste gute Badestrände besitzt.** Oberhalb des Fährhafens für die Schiffe zu den Äolischen Inseln und nach Neapel liegt die halb verlassene, durch einen mächtigen Mauerring umschlossene *Altstadt* mit dem spanischen Kastell, dem barocken Dom und dem Kloster San Francesco di Paolo. Auskunft: *AAST | Piazza Duilio 20 | Tel. 09 09 22 28 65 | Fax 09 09 22 27 90 | www.aastmilazzo.it*

ESSEN & TRINKEN

PICCOLO CASALE

In der Altstadt gelegen, mit frischer, kreativer Meeresküche. *Mo geschl. | Via Ricardo d'Amico 12 | Tel. 09 09 22 44 79 | €€–€€€*

SALAMONE A MARE

Elegantes Ausgehlokal an der Panoramastraße zum Capo Milazzo.

Gute Meeresküche und zuvorkommender Service. *Mo geschl. | Via Panoramica | Tel. 09 09 28 12 33 | €€€*

ÜBERNACHTEN

CALIFORNIA

Einfaches Hotel mitten in der Altstadt, ruhige Zimmer. *12 Zi. | Via del Sole 9 | Tel. 09 09 22 13 89 | €*

ZIELE IN DER UMGEBUNG

SAN FRATELLO UND DIE NEBRODI-BERGE [126 B5]

In Sant'Agata di Militello zweigt die Passstraße nach *Cesarò* ab, die ins Herz des ca. 100 km von Milazzo entfernt liegenden *Regionalparks Nebrodi* führt, dessen 1500–1800 m hohe Bergkette teils von ausgedehnten Weiden, teils von dichten Buchenwäldern bedeckt ist. *San Fratello* ist ein typisches Bergdorf, das in ganz Sizilien für seine Pferdezucht berühmt ist. *www.parcodeinebrodi.it*

Insider Tipp

Für Bergwanderungen bietet am Pass das kleine Hotel *Villa Miraglia (5 Zi. | Tel. 09 57 73 21 33 | www.villamiraglia.it | €–€€)* mitten im Wald Logis und gute Kost nach Hirtenart.

TINDARI ★ [126 C4]

Der Felsen von Tyndaris, 30 km westlich von Milazzo, ist ein unübersehbares Kennzeichen der Nordküste. Unter dem 260 m hohen Steilabfall des Kaps breiten sich die Sandbänke mit ihren Meerwasserseen aus. Das schwarze Madonnenbild in der *Wallfahrtskirche* ist Ziel von Gläubigen aus ganz Sizilien. Vom Platz vor dem Heiligtum hat man den Blick in die Tiefe zu den Sandbänken und in die Weite zu den Äolischen Inseln. Ebenfalls auf dem Plateau liegt das *antike Tyndaris (Eintritt 4 Euro)* mit einem gut erhaltenen Theater, der Basilika und Teilen der Stadtmauer.

Unterkunft und Essen im *Agriturismo Santa Margherita (18 Zi. | Tel. 094 13 97 03 | Fax 094 13 30 12 72 | www.agriturismosantamargherita.com | €€)* mit Garten über der Küste. Reiten, Mountainbikeverleih.

TAORMINA

KARTE IN DER HINTEREN UMSCHLAGKLAPPE

[127 D6] **Auf einem Sporn der Peloritani-Berge hoch über dem Meer mit einem unvergleichlichen Blick zum Ätna liegt der bekannteste und wohl meistbesuchte Ferienort Siziliens (7000 Ew.).** Der Stadtkern ist umgeben von einem Kranz aus Villen und Hotels des 19. und

20. Jhs. Zu beiden Seiten der Einkaufsstraße *Corso Umberto,* zwischen den Stadttoren Porta Messina und Porta Catania, blieb das mittelalterliche Stadtbild bewahrt: zinnengekrönte Paläste, Gassen und kleine Plätze, die meist durch Treppenwege verbunden sind. Taormina, dessen Peripherie schwer unter dem Verkehr leidet, ist im Inneren eine Oase, wo man sitzt und flaniert. Treff zu jeder Tageszeit ist auf halber Strecke des Corso die *Piazza IX Aprile* mit dem Tor ins Innere der Altstadt, dem berühmten *Caffè Wunderbar* und dem besten Blick auf Ätna und Küste.

SEHENSWERTES

DOM

Der Dom hat eine Zinnenfassade aus der Normannenzeit. Das Innere ist einfach, schlicht. Auf dem Vorplatz steht der *Barockbrunnen mit der Zentaurin*, Taorminas Wahrzeichen.

PALAZZO CORVAIA

Der Palazzo ist einer der zierlichen Adelspaläste aus der Normannenzeit und gehört zu den besterhaltenen dieser Epoche. Im Inneren, das besichtigt werden kann, befindet sich das Fremdenverkehrsamt.

TEATRO GRECO-ROMANO ★

Den wohl beeindruckendsten Blick auf die Küste und den gar nicht fernen Vulkanriesen genießen Sie vom Halbrund des antiken Theaters aus, dessen Kulissenbauten heute weitgehend offen sind. Es ist in den natürlichen Stein gehauen und dient im Sommer klassischen Theater- und

Weit schweift der Blick über Taormina und die Küste vom Teatro Greco-Romano aus

Musikdarbietungen. *Tgl. 9–19 Uhr | Eintritt 6 Euro*

ESSEN & TRINKEN

Insider Tipp

CASA GRUGNO

Kochphantasien in einem Raum eines gotischen Palastes ansprechend serviert. Gartenterrasse. *So abends u. Mo geschl. | Via Santa Maria dei Greci | Tel. 094 22 12 08 | www.casagrugno.it | €€€*

Insider Tipp

NINO

Vorzügliche Meeresküche von den Antipasti über die Nudeln mit Meeresfrüchten bis zu den Hauptgerichten mit tagesfrischem Fisch. *Di geschl., Am Strand von Letoianni (7 km nördlich) | Via Rizzo 29 | Tel. 094 23 61 47 | €€*

PORTA MESSINA

Am Altstadttor gibt es gut und günstig Pizza, Pasta, Muscheln, gebratenen Fisch. *Mi geschl. | Largo Giove Serapide | Tel. 094 22 32 05 | €–€€*

ÜBERNACHTEN

GRANDHOTEL TIMEO E VILLA FLORA

Die prachtvolle Gartenvilla ist das erste Haus in Taormina und Sizilien. *85 Zi. | Via Teatro Greco 59 | Tel. 094 22 38 01 | Fax 09 42 62 85 01 | www.framonhotels.com | €€€*

ISABELLA

Direkt am Corso, Zimmer zum Teil mit Blick zur Küste. *32 Zi. | Corso Umberto 58 | Tel. 094 22 31 53 | Fax 094 22 31 55 | www.gaishotels.com | €€*

Insider Tipp

VILLA IGIEA

Die Jugendstilvilla oberhalb der Altstadt besitzt 12 einfache Zimmer. *Via Circonvallazione 28 | Tel. 09 42 62 52 75 | Fax 09 42 62 98 63 | www.villaigiea.com | €€*

VILLA SCHULER

Villa mit Garten. Blick über die Küste. *26 Zi. | Piazzetta Bastione 16 | Tel. 094 22 34 81 | Fax 094 22 35 22 | www.hotelvillaschuler.com | €–€€*

STRÄNDE

Die Strände von *Isola Bella* und *Mazzarò* sind grobkieselig und fast immer sehr voll. Mehr Platz bieten *Letoianni* im Norden, *Capo Schisò* und *San Marco* im Süden. Die schnellste Verbindung ans Meer nach Mazzarò ist die Seilbahn; Busse zu den Stränden zwischen Capo Schisò und Letoianni verkehren häufig (Fahrpläne gibt es gratis am Busbahnhof in der Via Pirandello).

AM ABEND

Das meiste Leben herrscht auf dem *Corso Umberto* und auf der *Piazza* unter dem Uhrturm. Bars, Pianobars, Eisdielen, Restaurants und Läden haben bis tief in die Nacht offen. Die Diskos liegen etwas am Rand.

CAFFÈ WUNDERBAR ▶▶

Die Bar an sich, auch für Nicht-Promis zum Sehen und Gesehenwerden. *Piazza IX Aprile (Corso)*

TIFFANY CLUB

Disko-Pub, Karaoke: Jugendtreff in der *Via San Pancrazio*

AUSKUNFT

AAST: Palazzo Corvaia | Tel. 094 22 32 43 | Fax 094 22 49 41 | www.gate2taormina.com

ZIELE IN DER UMGEBUNG

ALCANTARA-SCHLUCHT ★ [127 D5]

18 km westlich von Taormina bricht der Fluss Alcantara mit Katarakten durch eine enge, bis zu 50 m tiefe Basaltschlucht, in die von der Straße nach *Francavilla* eine Treppe und ein Aufzug hineinführen. Wandern Sie barfuß durchs kühle Wasser, oder leihen Sie sich am Eingang Gummistiefel! Ländlich essen können Sie im Restaurant *Paradise (Mo geschl. | Tel. 094 24 74 00 | €)* an der Straße oberhalb der Schlucht, das auch Tische draußen und im Wintergarten hat.

CASTELMOLA [127 D5]

Das winzige Bergnest mit oft ausgezeichneter Aussicht (Ruine des Castello) liegt, 5 km entfernt, fast lotrecht über Taormina. Etwas unterhalb finden Sie das Hotel *Villa Sonia (44 Zi. | Tel. 094 22 80 82 | Fax 094 22 80 83 | www.hotelvillasonia.com | €€–€€€)*.

GIARDINI-NAXOS [127 D6]

Die Badevorstadt 6 km südlich von Taormina ist eng zwischen Hauptstraßen und Eisenbahn eingeklemmt. Sehr schön allerdings ist die Uferregion um die *Ausgrabungen des antiken Naxos,* der ältesten Griechenstadt Siziliens mit eindrucksvollen Megalithmauern.

Übernachtungsmöglichkeit im sehr stilvollen Hotel *Arathena Rocks (49 Zi. | Tel. 094 25 13 49 | Fax 094 25 16 90 | www.hotelarathena.it | €€),* direkt am Meer in einem Privatpark. Ländlich essen mit Pilzen, Gemüse und Fleisch aus eigener Landwirtschaft können Sie im Restaurant *Al Feudo (Mo geschl. | Tel. 094 25 80 42 | €–€€)* an der Straße Richtung Alcantara-Schlucht, im Ortsteil Trappitello. Auskunft: *Azienda Autonoma di Soggiorno e Turismo | Via Tysandros 54 | Tel. 094 25 10 10 | Fax 094 25 28 48 | www.aastgiardininaxos.it*

Ein Rest Fischeridyll am Strand von Giardini-Naxos – drüben liegt Taormina

> EIN STEINERNES GESCHICHTSBUCH

Das historische sizilianische Kontrastprogramm: fruchtbar die Ebenen, karg die Berge, antik bis barock die Städte

> Die Sizilianer sprechen gerne von der „Insel in der Insel". Dem durchschnittlich 500–600 m hohen Karstgebirge der Monti Iblei, das von Schluchten und Flussläufen zerfurcht ist, sind flache Küstenebenen vorgelagert, die mit dichten Mandel- und Olivenhainen, Zitronenplantagen und besonders an der Südküste mit Frühkulturen bebaut sind.

Die üppige Fruchtbarkeit der Ebenen, die vielfach mit Wein- und Gemüsegärten bis in die Küstendünen hineinreicht, steht im Gegensatz zur mehr als spärlichen Vegetation in den Bergen. Dort erstrecken sich karge, baumlose Weiden bis zum Horizont, unterteilt von kilometerlangen Steinmauern. Gehöfte, die inzwischen oft nur noch als Hirtenlager dienen, liegen weit auseinander. Sie sind mit den großen Eichen oder in tieferen Lagen den hohen Palmen schon von fern zu sehen. Längs der Täler und an den Bach- und Flussläufen zeigt sich

Bild: Ragusa, Dom San Giorgio

DER SÜDOSTEN

üppiger Baumwuchs, in den Schluchten häufig als undurchdringlicher Urwald aus Oleander, baumhohem spanischem Rohr, violett blühendem Mönchspfeffer und Brombeerranken. Die Schluchtenränder, die von den Hochflächen her zugänglich sind, waren die ältesten Siedlungsorte.

Eindrucksvoll liegen Ispica, Modica und die Doppelstadt Ragusa Ibla sowie in weiter Einsamkeit die Totenstädte von Pantalica. Gebaut sind sie alle aus dem hellen Kalkstein der Gegend, der frisch gebrochen sehr leicht zu bearbeiten ist, an der Luft aushärtet und eine graue oder dunkelgelbe Patina annimmt. In den Bergstädten, wo die Luft noch sauber ist, wird er von Flechten überzogen, nahe dem Meer hingegen stark durch die salzhaltige Luft zerfressen. Dann zerfällt er zu Sand. Kein anderer Stein bot sich so sehr der bildhauerischen Phantasie an: Portale mit Fratzen und Rankenwerk, Simse und Gebälk – besonders von Balkonen – mit Fabelwesen, Gnomen, Nymphen und Monstern, Fassaden mit Schnörkeln, Säulen, Balustraden und immer reichem Figurenschmuck sind für die Städte typisch, vor allem für jene, die nach dem verheerenden Erdbeben, das 1693 Teile des Südostens verwüstete, wieder aufgebaut wurden.

aus jüngerer Zeit stammt, verbindet die Unterstadt mit dem Palast des Adelskapitäns *(Palazzo della Corte Capitaniale)* und den Hauptplatz mit der Hauptkirche im oberen Stadtteil, *Santa Maria al Monte.* In der Villa Comunale (im Park) befindet sich neben dem Keramikmuseum ein ganz mit Majolikakacheln dekorierter Pavillon, der *Teatrino.*

142 bunte Majolikastufen führen hinauf in die Oberstadt zur Santa Maria al Monte

CALTAGIRONE

[128 B3] ★ **Mit ihren Kirchtürmen und Kuppeln liegt die Stadt (33 000 Ew.) weithin sichtbar auf einer Bergspitze.** Die Gassen sind eng, und außer der berühmten *Treppe mit den Majolikakacheln* gibt es zahlreiche weitere, wenn auch kürzere und schmucklosere Treppenwege. Die *Große Treppe* von 1608, deren Keramikschmuck

SEHENSWERTES

MUSEO REGIONALE DELLA CERAMICA

Keramik von der Antike bis heute und sizilianische Majolika aus Renaissance und Barock. *Tgl. 9–18.30 Uhr | Giardino Pubblico | Eintritt 3 Euro*

ESSEN & TRINKEN

POMARA

Rustikaler Speisesaal im Nachbarort *San Michele di Ganzaria,* Landküche mit kräftigen Aromen und Fleischportionen. Auch Hotel (39 Zi.). *Tel. 09 33 97 69 76 | Fax 09 33 97 70 90 | www.hotelpomara.com* | €€

EINKAUFEN

KERAMIK

In Caltagirone wird noch viel in der traditionellen Qualität hergestellt, Bemalung und Glasur sind bei teuren Stücken sehr sorgfältig ausgeführt. In den Werkstätten der Altstadt können Sie zuschauen, wie so ein Stück entsteht. Dauerausstellungen sind im Hof des *Palazzo Corte Capitaniale* und in den Läden der *Galleria Don Sturzo* zu bewundern.

ÜBERNACHTEN

MONTEVERDE

Im neuen Ortsteil. Moderne, große Zimmer, Garten. *32 Zi. | Via delle Industrie 11 | Tel. 093 35 36 82 | Fax 093 35 35 33* | €€

AUSKUNFT

Im *Palazzo Libertini* befindet sich die *Azienda di Turismo: Tel. 093 35 38 09 | Fax 093 35 46 10 | www.comune.caltagirone.ct.it*

ENNA

[128 A2] **Die Provinzhauptstadt (28 000 Ew.) liegt über 900 m hoch und trägt aufgrund des weiten Blicks auf Innersizilien und das gegenüberliegende Bergdorf Calascibetta, den Ätna und die Berge im Norden den Namen „Belvedere Siziliens".** Sehenswert sind vor allem die aus normannisch-staufischer Zeit stammenden Befestigungsanlagen, wie das *Castello di Lombardia* mit dem Torre Pisana am höchsten Punkt der Stadt und der achteckige Turm *Torre di Federico II*, dessen Entwurf Kaiser Friedrich selbst zugeschrieben wird.

ESSEN & TRINKEN

ANTICA HOSTARIA

Hausgemachtes aus Schwein, Lamm, Bohnen und Gemüse in der Altstadt. *Di geschl. | Via Castagna 9 | Tel. 093 52 25 21* | €

LA BRACE

Familientrattoria an der Straße von Enna ins Bergnest Calascibetta. Große Auswahl. *Mo geschl. | Tel. 093 53 46 99* | €

MARCO POLO HIGHLIGHTS

★ **Caltagirone**
Treppen, Paläste, Kirchen sind mit Majolikakacheln dekoriert (Seite 48)

★ **Porto Palo di Capo Passero**
Die Kleinstadt gilt als das beste Surfrevier Siziliens (Seite 53)

★ **Piazza Armerina**
3500 m² Mosaiken in der römischen Kaiserresidenz Villa del Casale (Seite 50)

★ **Pantalica**
Über 5000 Grabkammern in den Felswänden (Seite 59)

★ **Noto**
Die barocke Kleinstadt ist ganz auf Perspektive angelegt (Seite 51)

★ **Museo Regionale Archeologico**
Rundgang durch 15 000 Jahre Geschichte in Syrakus (Seite 57)

ÜBERNACHTEN

RIVIERA

Am Lago Pertusa im Garten, mit Seeblick und Pool, dazu gutes, preiswertes Essen (€). *26 Zi. | Tel. 09 35 54 12 67 | Fax 09 35 54 12 60 | www.rivierahtl.it* | €€

AUSKUNFT

APT: Via Roma 411 | Tel. 09 35 52 82 88 | Fax 09 35 52 82 29 | www.apt-enna.com

ZIELE IN DER UMGEBUNG

PIAZZA ARMERINA ★ **[128 A3]**

Umgeben von Eukalyptuswäldern, Haselnuss- und Obstgärten liegt 34 km südöstlich von Enna die Stadt mit ihren bunten und silbernen Kirchenkuppeln auf einem Bergrücken. 5 km unterhalb in einem Flusstal mit üppigster Vegetation führt eine Stichstraße zu den Ausgrabungen der römischen *Villa Romana del Casale (tgl. 8 Uhr bis Sonnenuntergang | Shuttlebus ab Stadtmitte | Eintritt 6 Euro | www.villaromanadelcasale.it)*. Die Fußbodenmosaiken des Unesco-Weltkulturerbes gehören zu den größten und schönsten, die uns aus der Antike überliefert sind. Ihre künstlerische Technik und die Motive verraten Künstler aus Nordafrika. Bei der Villa handelt es sich wohl um den Land- und Jagdsitz eines römischen Kaisers aus dem 4. Jh. Der Grundriss der Anlage ist unter schützenden Plexiglashäusern noch gut erkennbar: Wohn- und Repräsentationsräume, Thermen, Säle für Bankette, Schlafkammern, Abtritt, Küche, die Kammern für die Dienerschaft und im Zentrum das große Peristyl, der von Säulengängen umgebene Innengarten mit Nebenräumen. Daran schließt sich ein langer Korridor an, der die Verbindung zu anderen Flügeln der Villa herstellt. Heute gelangt man von hier über Brücken zum „Saal der Mädchen" mit dem berühmten Mosaik der tanzenden Mädchen in bikiniartiger Tracht.

Angenehm sitzt man in der Trattoria *La Ruota (tgl. | Tel. 09 35 68 05 42 | €)*, einer ehemaligen Mühle mit schönem Garten im Tal der Villa del Casale. Sie bietet genuine Küche mit Zutaten aus dem eigenen Garten. Im Hotel *I Mosaici-Da Battiato (23 Zi. | Tel./Fax 09 35 68 54 53 | €)* an der Kreuzung zur Villa erwarten Sie gute Zimmer und vorzügliche Landküche. An der Straße nach Enna am Abzweig nach Morgantina (2 km) bekommen Sie im *Il Fogher (Mo geschl. | Tel. 09 35 68 41 23 | €€)* hervorragende, kreative sizilianische Küche. **Insider Tipp**

Auskunft: *AAST | Via Cavour 15 | Tel. 09 35 68 02 01, Fax 09 35 68 45 65 | www.comune.piazzaarmerina.en.it, www.piazza-armerina.com*

> LOW BUDGET

- Im *Ristorante Mariano* nicht weit von der Arethusa-Quelle in Syrakus isst man wie in der Familie. *Di. geschl. | Vicolo Zuccalà | Tel. 093 16 74 44*
- Die Jugendherberge *Ostello il Castello* ist in der Burg ganz oben in der Altstadt von Noto untergebracht. *68 Betten | Via Fratelli Bandiera 1 | Tel./Fax 09 31 57 15 34*
- In der Dorftrattoria *Osteria Locale* in Bucheri gibt es Fleisch und Käse vom Hirten, Pilze und handgemachte Pasta. *Di. geschl. | Via Dusmet 14 | Tel. 09 31 87 39 23*

DER SÜDOSTEN

Insider Tipp

MORGANTINA [128 B2]

Die antike Stadt liegt 42 km südöstlich von Enna auf einem Bergrücken, der sich in die Ebene von Catania schiebt. Steine, Bäume und die Sicht bis zum Ätna und zum Meer sind durch nichts beeinträchtigt. Wind und Stille herrschen über dem zweitausendjährigen Straßenpflaster, dem gut erhaltenen Theater, der riesigen Freitreppe der Agorà. *Tgl. 8 Uhr bis Sonnenuntergang | Eintritt 4,50 Euro*

NOTO

[129 D5] ★ **Die Barockstadt mit ihren 22 000 Ew. gehört zum Weltkulturerbe der Unesco und liegt auf einem flachen Ausläufer der Iblei-Berge über der Küstenebene mit ihren dichten Olivenhainen, die schattig wie Wälder sind.** Nach dem Erdbeben von 1693, dem auch das mittelalterliche *Noto Antica* zum Opfer fiel, dessen Ruinen 9 km landeinwärts liegen, beschloss man den raschen Wiederaufbau.

Barocke Balkonkonsolen schmücken den Palazzo Villadorato in Noto

SEHENSWERTES

DIE RESIDENZSTADT

Den größten Raum Notos, das als Stadt gleichzeitig den idealen Aufbau der Gesellschaft darstellen sollte, nimmt der herrschaftliche Teil in relativ ebener Lage ein, der sich mit den Hauptkirchen, Palästen, Plätzen und Freitreppen längs der drei parallel verlaufenden Hauptstraßen entwickelt. Die mittlere, der *Corso Vittorio Emanuele,* endet in repräsentativen Stadttoren. Mit Parks und Plätzen nimmt er breiten Raum ein, wird von den Hauptpalastfronten gesäumt und öffnet sich in der Mitte zur *Piazza Duomo* mit einem weiten Treppen- und Fassadenprospekt. Das ist der eigentliche Stadtmittelpunkt: Hier liegen sich als geistliches und weltliches Machtzentrum der *Dom* und der *Palazzo Ducezio* gegenüber.

ESSEN & TRINKEN

TRATTORIA DEL CARMINE

Familiäre Landgaststätte, die Leute aus Noto und Fremde gleichermaßen anzieht. *Mo geschl. | Via Ducezio 9 | Tel. 09 31 83 87 05* | €

NOTO

ÜBERNACHTEN

VILLA CANISELLO

Am Rand der Altstadt bietet der einstige Bauernhof mit seinem großen Garten sechs großzügige Zimmer. *Via Pavese 1 | Tel. 09 31 83 57 93, Fax 09 31 83 77 00 | www.villacanisello.it | €€*

STRÄNDE & SPORT

Baden und Vögel beobachten können Sie am feinsandigen Strand von *Marina di Noto,* wandern und baden im Insider Tipp Naturschutzgebiet *Vendicari,* baden im sauberen Flusswasser in der *Cava Grande* (Straße Noto–Palazzolo).

AUSKUNFT

APT: Piazza XVI Maggio | Tel./Fax 09 31 57 37 79 u. 09 31 83 67 44 | www.comune.noto.sr.it

ZIELE IN DER UMGEBUNG

CAVA D'ISPICA [128 C5]

Die Karstschlucht, die unterhalb der Barockstadt *Ispica,* 27 km südwestlich von Noto, endet, ist über 12 km lang. An der Straße von Rosolini nach Modica liegt der Hauptzugang zur Schlucht, wo man byzantinische Höhlenkirchen und unterirdische Grabfelder sieht *(tgl. 8–17 Uhr).* Von Ispica kommt man vom *Parco della Forza (tgl. 8–17 Uhr)* mit seinen Höhlenkirchen und Mauerresten bequem 3 km in die Schlucht hinein.

NOTO ANTICA & PALAZZOLO ACREIDE

Auf der 96 km langen Rundfahrt nehmen Sie in Noto die Straße zum *Convento della Scala,* einer kleinen, einsam gelegenen barocken Wallfahrtskirche. 1 km weiter stellen Sie an der Zufahrt zu *Noto Antica* [129 D5] das Auto ab. Das wuchtige Stadttor und die Mauer sind die anschaulichsten Zeugen der 1693 zerstörten Stadt, die zwischen zwei beginnenden Schluchten auf einer Hochebene stand. Hier und da sieht man noch Mauern aus dem hohen Strauchwerk ragen, am vordersten

Cava Grande: Das Flüsschen Cassíbile hat diese bildhübschen Badewannen geschaffen

Ende der Plateaus auch Säulen und Portale von Kirchen.

Zurück auf der Staatsstraße Nr. 287, können Sie auf der Nebenstraße nach Avola einen Abstecher von 6 km zur *Cava Grande* machen, einer weiten Schlucht, in die vom Parkplatz ein in den Felsen gehauener Treppenweg hinunterführt. Von dort geht es auf weiteren Wegen den glasklaren Fluss zu Kaskaden, Seen und Sandbänken entlang. Am Parkplatz lädt Sie die Trattoria *Cava Grande (Mo geschl. | Tel. 09 31 81 12 20 | €)* zu robusten ländlichen Spezialitäten an Tischen im Garten ein.

Insider Tipp

Palazzolo Acreide **[129 D4]** liegt beherrschend auf einem Buckel, dessen höchste Stelle die antike Stadt Akrai einnahm. Barockhandwerker haben auch hier aus dem weichen, gelben Kalkstein und aus Schmiedeeisen eine Fülle an Dekor, Fratzen und Fabelwesen geformt, die besonders üppig die Fassaden an der riesengroßen Piazza schmücken. Von hier aus führt ein Gang in die Seitenstraßen und zum Volkskundemuseum *Casa Museo Antonino Uccello (tgl. 9–13 u. 15.30–19 Uhr | Eintritt 3 Euro)*. Gut essen können Sie in der Trattoria *Andrea (Di geschl. | Via Maddalena 24 | Tel. 09 31 88 14 88 | €)*. Von der antiken *Akropolis (tgl. 9 Uhr bis kurz vor Sonnenuntergang | Eintritt 2 Euro)* mit ihrem kleinen Theater bietet sich ein weiter Blick auf Siziliens Südosten.

Insider Tipp

PORTOPALO DI CAPO PASSERO ★ [129 E6]

Die Kleinstadt, 28 km von Noto an Siziliens Südspitze, mit einem geschäftigen Fischereihafen ist dank ihrer ausgedehnten Dünenstrände im Norden bei *Vendicari* und Sandbuchten ein beliebter Ferienort geworden. Besonders die Surfer schätzen die guten Windverhältnisse. Einfache Unterkunft und ordentliche Küche in den modernen Ferienhotels *Jonic (12 Zi. | Tel. 09 31 84 26 15 | €)* und *Vittorio (25 Zi. | Tel. 09 31 84 21 81 | €–€€)*, vorzügliche Meeresküche im *Da Maurì 1987 (Di geschl. | Via Tagliamento | Tel. 09 31 84 26 44 | €€)*

RAGUSA

[128 C5] Das ist die Hauptstadt (61 000 Ew.) der kleinsten und wohlhabendsten Provinz Siziliens, deren inzwischen erschöpfte Erdölvorkommen um 1960 einen kurzen Industrieboom ausgelöst hatten. Heute kann die Provinz zu Recht als das Frühbeet und Gewächshaus Italiens bezeichnet werden. Die langen, und feinsandigen Dünenstrände, die sehr flach ins Meer auslaufen, haben an der Küste die Marina-Orte anwachsen lassen. Ragusa, das über einer tiefen Schlucht in einer verbrannten, kahlen Ebene liegt, die sich zum 25 km entfernten Meer neigt, besteht aus zwei Stadtkernen: dem moderneren Ragusa mit breiten Straßen und dem kleineren, barocken *Ibla* der Barone, Kleriker, Handwerker und Landarbeiter mit Treppen, engen Gassen und winkeligen Plätzen.

SEHENSWERTES

DOM SAN GIORGIO

Hauptkirche von Ibla, mit ihrer Fassade und Freitreppe ein herausragender Bau im Barockstil Siziliens. Architektonisch erinnert die Kirche an San Giorgio im nahen Modica.

RAGUSA

Faszinierendes Stadtensemble: Das aus Ober- und Unterstadt (Ibla) bestehende Ragusa

SAN GIORGIO VECCHIO
Ruine einer Normannenkirche mit schönem Portal. Vom dahinter liegenden Park haben Sie eine großartige Aussicht zur höher gelegenen Stadt und in die Schlucht.

ESSEN & TRINKEN

DUOMO
In der Altstadt von Ibla, Spitzenküche mit viel Gefühl und Akuratesse bei den Zutaten. *So geschl. | Via Boccheri 31 | Tel. 09 32 65 12 65 | www.ristoranteduomo.it* | €€–€€€

LIDO AZZURRO – SERAFINO
Direkt am Strand der 28 km entfernten *Marina di Ragusa* [128 B6] bekommen Sie fangfrische Meeresfrüchte und Fische und können genießen wie die Einheimischen. *Mai–Okt. tgl. | Lungomare Andrea Doria | Tel. 09 32 23 95 22* | €€

ÜBERNACHTEN

MONTREAL
Gepflegtes Stadthotel in zentraler Lage. *50 Zi. | Via San Giuseppe 8 | Tel./Fax 09 32 62 11 33 | hotelmontreal@sprintnet.it* | €€

STRÄNDE

Weite Sandstrände findet man bei *Marina di Ragusa* [128 B6], *Camarina* [128 B5] und *Pozzallo* [128 C6].

ZIELE IN DER UMGEBUNG

DONNAFUGATA [128 B5]
Das 15 km von Ragusa entfernt liegende Schloss mit dem weitläufigen Park wurde im 19. Jh. mit Türmen und Zinnen umgebaut. Lucino Visconti drehte hier den „Leopard". In den ehemaligen Ställen befindet sich die Trattoria *Al Castello (Mo geschl. | Tel. 09 32 61 92 60 | €)* mit bodenständiger Küche.

MODICA [128 C5]
Die alte Hauptstadt der Grafschaft Modica, die mit der heutigen Provinz Ragusa identisch ist, liegt 15 km südlich von Ragusa am Grund zweier Karstschluchten, die sich an der Haupt-Piazza vereinen. Die Altstadt staffelt sich steil an den Hängen, mit

engen Gassen und Treppenwegen, während im Tal die beiden großen Promenierstraßen verlaufen und dort auch Platz für die Hauptkirchen und die Paläste der Barone ist. Auch in Modica bestimmt der theatralische Barock das Stadtbild, besonders bei den beiden Hauptkirchen *San Pietro* in der Unterstadt und *San Giorgio* mit fünf Portalen und einer auf halber Höhe liegenden Schautreppe aus 250 Stufen.

Das Hotel *Bristol (18 Zi. | Via Risorgimento 8b | Tel. 09 32 76 28 90 | Fax 09 32 76 33 30 | www.hotelbristol.it | €€)* liegt in der Oberstadt. Speisen wie einst können Sie in der feinen *Fattoria delle Torri* mitten in der Altstadt *(Mo geschl. | Vivo Napolitano 14 | Tel. 09 32 75 12 86 | €€).*

SYRAKUS

KARTE AUF SEITE 56

[129 E4] Die Stadt *Siracusa* mit 110 000 Ew. liegt auf einem flachen Kalkplateau, das steil zum Meer hin abbricht, und auf der Insel *Ortigia*, die seit 2500 Jahren über eine Brücke mit dem Festland verbunden ist. Die moderne Stadt auf dem Festland nimmt nur einen bescheidenen Teil der Fläche des antiken Syrakusai ein. Die riesige, heute unbesiedelte Hochfläche von Epipolai, westlich der modernen Stadt bis hin zum stark befestigten Castel Eurialo, war vor 2000 Jahren das größte Viertel der antiken Halbmillionenstadt. Die flache Felseninsel bot nicht nur Schutz und einen hervorragenden Hafen: Schon früh zog eine Süßwas-

> BÜCHER & FILME

Auf Sizilien spielende Romane werden oft verfilmt

> **Commissario Montalbano** ist ein echter Sizilianer. Er liebt gutes, handfestes Essen und ist dem schönen Geschlecht zugetan. Seine Fälle spielen in Porto Empedocle und Agrigent, wo Autor Andrea Camilleri aufgewachsen ist. In seinen Kriminalromanen, als Fernsehserie u. a. in Ragusa und Sampieri verfilmt, wird der kriminelle Alltag der Insel dargestellt.

> **Der Leopard** – Der Roman von Giuseppe Tomasi di Lampedusa führt ins Leben des Adels, stellt seinen Auf- und Abstieg dar. Von Lucino Visconti mit Burt Lancaster und Alain Delon an Originalschauplätzen verfilmt.

> **In den Himmel stürzen** und **Die Signora** – Goliarda Sapienzas Romane beschreiben den Weg des Mädchens Modesta vom armen Waisenkind zur Fürstin und zugleich die starren Strukturen der sizilianischen Gesellschaft am Beginn des 20. Jhs.

> **Stromboli** – 1949 drehte Roberto Rossellini auf der Vulkaninsel diesen nicht unbedingt sehenswerten Film mit Ingrid Bergman – ein Jahr später heirateten die beiden.

> **Cinema Paradiso** – Die Szenerie des Kultfilms von Giuseppe Tornatore mit Philippe Noiret sind die Bergnester Castelbuono und Palazzo Adriano: eine Liebeserklärung an das Kino.

> **Wer erschoss Salvatore G.?** – Francesco Rosis Film über den Mafioso Salvatore Giuliano, der 1949 erschossen wurde, entstand an Originalschauplätzen um Montelepre.

serquelle, der sagenhafte Sitz der Nymphe Arethusa, Siedler an.

Syrakus war nicht nur das wirtschaftliche und politische, sondern auch das wissenschaftliche und kulturelle Zentrum des antiken Sizilien, zeitweise die größte Stadt von ganz Hellas. Von den Römern ausgeplündert, büßte sie wie der Rest der Insel viel von ihrem Glanz ein. Syrakus beherbergte in frühchristlicher Zeit eine bedeutende christliche Gemeinde, die sich in den Katakomben traf, wo auch der Apostel Paulus predigte, war auch in der byzantinischen Periode die Hauptstadt Siziliens und verlor erst in der arabischen und normannischen Zeit jegliche Bedeutung.

DER SÜDOSTEN

Ortigia: Abends trifft man sich in den Cafés an der Promenade, überall mit Meeresblick

SEHENSWERTES

KATAKOMBEN SAN GIOVANNI

Im modernen Syrakus, nicht weit vom Archäologischen Regionalmuseum, gelangen Sie durch die halb verfallene Kirche San Giovanni in die ausgedehnten unterirdischen Katakomben aus der frühchristlichen Zeit, die ein Labyrinth von Gängen darstellen. *Tgl. 9–12.30 u. 14.30–17.30 Uhr | Eintritt 5 Euro*

MUSEO REGIONALE ARCHEOLOGICO ★

Dies ist Siziliens größtes Museum, in dem die Funde aus der Vorgeschichte und der griechischen und römischen Antike aus ganz Ostsizilien zusammengetragen sind. Allein die Funde aus Syrakus könnten mehrere Museen füllen. Glanzstücke sind die „Venus Landolina" und ein archaischer Koúros, eine Jünglingsstatue, aus Kalkstein. *Di–Sa 9–18, So 9–13 Uhr | Viale Teocrito | Eintritt 6 Euro*

ORTIGIA

Die Brücke vom Festland führt auf die *Piazza Pancali,* auf der gigantische Mauerblöcke und Säulen des *Apollotempels* (6. Jh. v. Chr.) stehen. Vormittags ist der Platz mit seinen Nebenstraßen zum *Porto Piccolo,* dem Fischerhafen, ein wogendes Marktgetümmel. Der *Corso Matteotti* führt zur *Piazza Archimede,* ins Herz der Altstadt. Um den Platz und längs der abzweigenden *Via Maestranza,* der Promenierstraße, befinden sich die meisten Paläste des Adels und des hohen Klerus, während in den Gassen, besonders zum Meer hin, viele Häuser und ganze Straßenzüge verlassen sind.

Die lange und schmale *Piazza Duomo* wird von der wuchtigen, durch Säulen gegliederten Barockfassade des Doms beherrscht. Hinter ihr verbirgt sich der vollständig erhaltene *Athena-Tempel* aus dem 5. Jh. v. Chr.

In der seitlichen Außenwand sind die dorischen Säulen sichtbar, deren Zwischenräume zugemauert wurden. Das Innere ist schlicht, das Mittelschiff besitzt eine schöne Renaissance-Holzdecke, und ein von zwei romanischen Löwen getragener hellenistischer Prunkkrater bildet das Taufbecken. Unterhalb der Uferpromenade entspringt in einem mit Papyrus bepflanzten Becken die *Arethusa-Quelle,* die heutzutage in einen Teich mit Fischen darin sprudeltt.

PARCO ARCHEOLOGICO DELLA NEAPOLI

Die archäologische Zone liegt am Rand der modernen Stadt. Sie umfasst nur einen kleinen Teil des antiken Syrakus und mehrere Latomien, antike Steinbrüche, die Baumaterial lieferten und später in Gärten umgewandelt wurden.

Am Eingang rechts führt ein schattiger Weg zum *römischen Amphitheater,* das großenteils in den Fels gehauen ist. Am *Altar Hierons* (198 m Länge, 23 m Breite, 3. Jh. v. Chr.) wurden große öffentliche Opfer zelebriert. Das *griechische Theater,* dessen Stufen ebenfalls in Stein geschlagen wurden, bot mit 138 m Durchmesser auf den ursprünglich 61 Stufen, von denen noch 46 erhalten sind, über 15000 Zuschauern Platz. Es ist heute noch Ort von klassischen Aufführungen. Die *Latomia del Paradiso* ist der größte Steinbruch im antiken Stadtgebiet und ein kühler, schattiger Park. *Das Ohr des Dionysos* ist eine 65 m lange, bis 23 m hohe künstliche Grotte, ein unterirdischer Steinbruch. Sie soll als Gefängnis gedient haben. Die außergewöhnliche Akustik, die sogar Flüstern hörbar werden ließ, taugte gut zur Bespitzelung. *Tgl. 9 Uhr bis zum Sonnenuntergang | Eintritt 6 Euro*

SANTUARIO DELLA MADONNINA DELLE LACRIME

Das Madonnenbild aus Gips, das seit 1953 immer wieder Tränen weinte

Im griechischen Theater werden seit 470 v. Chr. Tragödien von Sophokles und Co. aufgeführt

und Wunder tat, ist in einem Rundbau von 90 m Durchmesser aufgestellt, dessen 76 m hohes Kegeldach das Stadtbild prägt.

ESSEN & TRINKEN

ARCHIMEDE

In einem alten Weinkeller im Herzen Ortigias finden Sie traditionelle Küche. *Tgl. | Via Gemmellaro 8 | Tel. 093 16 97 01 | €€*

DON CAMILLO

An einem Platz an der Hauptstraße von Ortigia feine Meeresküche nach traditionellen Rezepten in großer Auswahl. *So geschl. | Via Maestranza 96 | Tel. 093 16 71 33 | €€*

ÜBERNACHTEN

Insider Tipp

DOMUS MARIAE

Luxuriös umgebautes Kloster mit 16 Zimmern. *Via Vittorio Veneto 76 (Ortigia), Tel. 093 12 48 54 | Fax 093 12 48 58 | www.sistemia.it/domusmariae | €€€*

GRAN BRETAGNA

Familienfreundliches Hotel. *17 Zi. | Via Savoia 21 (Ortigia) | Tel./Fax 093 16 87 65 | www.hotelgranbretagna.it | €€*

IL LIMONETO

Landgut mit komfortablen Zimmern und guter Küche, 9 km im Hinterland Richtung Canicattini. *6 Zi. | Tel. 09 31 71 73 52 | Fax 09 31 71 77 28 | www.limoneto.it | €*

STRÄNDE & SPORT

Feinsandige Badestrände gibt es in *Fontane Bianche* [129 E5]. Wanderlustige finden gute Möglichkeiten zum Spazieren im *Anapo-Tal* und in *Pantalica* [129 D4].

AUSKUNFT

AAT: Via della Maestranza 33 | Tel. 09 31 46 42 55 | Fax 093 16 02 04 | www.aatsr.it

APT: Via San Sebastiano 45 | Tel. 09 31 48 12 32 | Fax 093 16 78 03 | www.apt-siracusa.it

ZIELE IN DER UMGEBUNG

CASTEL EURIALO [129 E4]

Die antike Festung mit ihren aus großen Steinquadern errichteten Mauern erhebt sich 8 km westlich von Syrakus auf einem Kalkplateau. In der weiten Bucht lag auf der Halbinsel Magnisi einstmals die Stadt Thapsos, noch weiter nördlich die mächtige Nachbarstadt *Megara Iblea,* die teilweise ausgegraben wurde. Bei klarem Wetter reicht der Blick bis hin zur Südspitze Siziliens. *Tgl. 9 Uhr bis zum Abend | Eintritt frei*

PANTALICA ★ [129 D4]

Über Ferla ist Pantalica 50 km, über Sortino 35 km von Syrakus entfernt. Von beiden Orten führt eine Stichstraße bis an den Rand der Nekropole der Sikuler. Über 5000 Grabkammern sind an den Talrändern des Flusses Anapo und seiner Nebentäler in den Stein gegraben. Die aus Jungsteinzeit und Bronzezeit stammenden Gräber dienten später in unsicheren Zeiten als Behausung. Von der zugehörigen Siedlung wurde nur ein Herrenhaus des 11. Jhs. v. Chr. ausgegraben. Die Enden beider Straßen sind mit Wegen durch das Flusstal verbunden. Längs der Straße von Ferla sind Wanderwege markiert.

> DAS „SCHÖNSTE VORGEBIRGE DER WELT“

Die quirlige, strapaziöse Großstadt Palermo, umgeben von geschützter Natur, beherrscht die Küste des Nordens

> Unmittelbar hinter der Küste im Norden Siziliens steigen schroffe Berge auf. Nur an wenigen Stellen haben Flüsse Ebenen angeschwemmt, deren üppig grüne Orangenplantagen und Fruchtgärten sich erfrischend von den völlig kahlen und verkarsteten Bergketten abheben, die mit den zerklüfteten Hochflächen ihres Vorlands ideale Mafia-Schlupfwinkel boten.

Das Meer bildet hier, von Kaps umschlossen, weite Buchten: den Golf von Castellammare, dann die große, von Monte Pellegrino und Capo Zafferano eingefasste Bucht von Palermo und schließlich den weiten Golf von Termini Imerese, den der Felsenberg der Domstadt Cefalù begrenzt. Daran schließt sich die lange, wenig gegliederte Küste bis Capo Orlando an, die den zu Regionalparks erklärten Bergketten der Madonie und Nebrodi vorgelagert ist. Dort, auf halber Höhe, liegen alte, sich immer mehr entvölkernde Hirtendörfer.

Bild: Altstadt von Cefalù

DIE NORDKÜSTE

CEFALÙ

[125 D2] **Unter der mächtigen Steinmasse des Berges Rupe wirken die Türme und das hohe Schiff des Normannendoms wie ein Spielzeug.** Die Dächer der Häuser scharen sich um dieses weithin sichtbare Wahrzeichen der Stadt (12 500 Ew.), die zu Beginn der Normannenzeit als Grabstätte und wichtiger Hafen eine kurze Blüte hatte und dann bis in das 20. Jh. in einen Dornröschenschlaf verfiel, sodass sie in ihrer mittelalterlichen Gestalt fast unangetastet blieb. Der *Corso Ruggero*, die schmale, von strengen Palästen in Quadermauerwerk und mit Spitzbogenfenstern gesäumte Hauptstraße, öffnet sich zum Domplatz. Im Inneren ist die Altstadt eng und dunkel, zum Meer schützt sie eine Gigantenmauer, deren unteren Teil metergroße Blöcke aus frühgeschichtlicher Zeit bilden, die aus den Felsen an der

Wasserlinie wachsen. Westlich an die Altstadt schließt sich eine weite, feinsandige Bucht an, dahinter die Uferpromenade, neue Häuser und Hotels.

SEHENSWERTES

ARABISCHES WASCHHAUS
Mitten in der Enge der Altstadt öffnet sich ein kleiner Platz, der unter flache Bögen mit Steinbecken führt, wo starke Quellen entspringen. Errichtet wurde das Waschhaus, in dem noch vor wenigen Jahrzehnten Frauen ihre Wäsche wuschen, in arabischer Zeit.

DOM VON CEFALÙ ★
Wer auf dem Vorplatz steht, ist durch das strenge Bogenportal der Vorhalle und die beiden wuchtigen Türme beeindruckt. Bei diesem ältesten Normannendom Siziliens (1140 begonnen), der allerdings erst nach Jahrhunderten Bauzeit vollendet wurde, spricht der Stein: In dem archaischen Kreuzgang und mit seinem gewaltigen Chor und dem schmalen, hohen Querschiff drückt er Kraft und Macht aus. *Tgl. 7–19 Uhr*

MUSEO MANDRALISCA
Privatsammlung mit antiken Funden und dem berühmten Bildnis eines Unbekannten von Antonello da Messina. *Tgl. 9–19 Uhr | Via Mandralisca 13 | Eintritt 5 Euro | www.museomandralisca.it*

ESSEN & TRINKEN

BRACE
In Domnähe gelegen. Kreative Küche mit Pasta und Vegetarischem, aber auch Fisch und Fleisch. *Mo geschl. | Via XXV Novembre 10 | Tel. 09 21 42 35 70 | €€*

TANA DELLA VOLPE
Mit Blick von der Terrasse über der Steilküste. Es gibt Frisches aus dem Meer, auch Langusten und Scampi, Spaghetti und Linguine mit Meeresfrüchten. *Tgl. | Sant'Ambrogio (7 km östlich in Richtung Pollina) | Tel. 09 21 99 91 64, €€*

18 m hoch ist diese Skulptur von Pietro Consagra im Tal der Tusa: Fiumara d´Arte

ÜBERNACHTEN

LA GIARA
Einfaches Hotel mitten in der Altstadt. *28 Zi. | Via Veterani 40 | Tel. 09 21 42 15 62 | Fax 09 21 42 25 18 | www.hotel-lagiara.it | €€*

KALURA
Sporthotel über der Steilküste, 2 km östlich. Große Panoramaterrasse, Badeplattform und Kiesstrand, Moun-

tainbiking, Tauchen. *65 Zi. | Loc. Caldura | Tel. 09 21 42 13 54 | Fax 09 21 42 31 22 | www.hotel-kalura.com | €€*

VALLE GRANDE RANCH

Auf den Bergen 5 km östlich von Cefalù stehen einige Steinhäuser unter großen Bäumen. Restaurant, Reitmöglichkeit. *8 Apt. (2–6 Betten) | Tel./Fax 09 21 42 02 86 | www.vallegrande.it | €€*

STRÄNDE & SPORT

Besonders schöne Naturstrände finden Sie in *Mazzaforno* (5 km westlich), in *Capo Caldura* (2 km östlich) und in *Capo Raisigerbi* bei Finale di Pollina [125 E2].

Reiten können Sie in *Gibilmanna* bei der *Fattoria Pianetti (7 Zi. | Tel. 09 21 42 18 90 | Fax 09 21 42 20 60 | €);* auch gibt es im *Regionalpark Madonie* eine ganze Reihe Angebote.

AUSKUNFT

AAST: Corso Ruggero 77 | Tel. 09 21 42 10 50 | Fax 09 21 42 23 86 | www.cefalu.it

ZIELE IN DER UMGEBUNG

FIUMARA D'ARTE [125 E2]

Ein Freilichtmuseum moderner Plastik sind die *Fiumara di Tusa*, der Strand *Villa Margi* und in den Bergen

Die signori haben anscheinend gut lachen

Castel di Lucio mit seinem Labyrinth. Dazu gehören auch ein Keramikatelier und das avantgardistische Hotel *Atelier sul Mare (44 Zi. | Tel. 09 21 33 42 95 | Fax 09 21 33 42 83 | www.ateliersulmare.com | €€€)* im Küstendorf *Castel di Tusa* (32 km östlich von Cefalù), in dem Künstler Raumideen gestalten.

Insider Tipp

MARCO POLO HIGHLIGHTS

★ **Dom von Monreale**
Mosaiken und Kreuzgang sind ein Höhepunkt normannischer Kunst (Seite 71)

★ **Madonie**
Regionalpark mit einzigartiger Natur und wunderschönen Bergdörfern (Seite 64)

★ **Dom von Cefalù**
Die Gottesburg ist eine weithin sichtbare Landmarke (Seite 62)

★ **Monte Pellegrino**
Ganz Palermo aus der Vogelperspektive sehen (Seite 71)

★ **Palazzo dei Normanni und Cappella Palatina**
Byzantinische und arabische Künstler schufen diesen Königspalast (Seite 68)

★ **Straßenmärkte**
Bunt, laut und sinnenfroh: die Märkte in Palermos Altstadt (Seite 69)

MADONIE ★ [124–125 C–E2]

Die Madonie-Berge können Sie auf einer Rundfahrt (ca. 145 km) gut erkunden. Die *Wallfahrtskirche von Gibilmanna* liegt am Rand der Berge in einem Steineichenwald. Schatten und frische Luft, kalte Quellen und die Möglichkeiten zum Wandern und Reiten lassen an den Wochenenden viele Städter kommen, zumal es in den nahe gelegenen Dörfern gute Landtrattorien und den Direktverkauf von Käse, hausgemachten Wurstwaren, Bauernbrot, Olivenöl und Wein gibt. Übernachten kann man in einer Reihe von Berghütten und auf Bauernhöfen *(agriturismo).*

Insider Tipp

Das Bergdorf *Isnello* ist Ausgangsort für die Hochregionen, die im Winter nach dem Ätna das wichtigste Skigebiet Siziliens sind. Vom Frühling bis zum Spätherbst sind Bergwanderungen aller Schwierigkeitsgrade möglich. *Piano Zucchi* (1105 m) und *Piano Battaglia* (1500 m) sind die wichtigsten Ausgangspunkte mit Schutzhütten und Hotels. Unterhalb liegt in einem restaurierten Gutshof das Hotel *Piano Torre (26 Zi. | Tel. 092 16 26 71 | Fax 09 21 66 26 72 | www.pianotorreparkhotel.com | €€)* mit großem Pool und gutem Restaurant. Einfacher ist das für seine genuine Küche bekannte *Rifugio Orestano (81 Betten | Tel./Fax 09 21 66 21 59 | www.rifugiorestano.com | €).*

Mitten in den Bergen, an der Straße nach Petralia, steht das Hotel *Pomieri (40 Zi. | Tel. 09 21 64 99 98 | Fax 09 21 64 98 55 | www.hotelpomieri.com | €€),* einfach und mit gutem Restaurant. In *Petralia Sottana* (Sitz des Naturparks Madonie) liegt in der Ortsmitte das altmodische Kleinstadthotel *Madonie (10 Zi. | Tel./Fax 09 21 64 11 06 | €€),* und in *Castelbuono* bekommen Sie im Restaurant *Nangalarruni (Mi geschl. | Via delle Confraternità 5 | Tel. 09 21 67 14 28 | €€)* vorzügliche Landküche sowie in der Bar *Fiasconaro* an der Piazza tolles Gebäck mit dem besten *panettone* südlich von Milano, Likör und Eis.

Insider Tipp

PALERMO

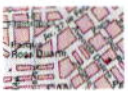

KARTE IN DER HINTEREN UMSCHLAGKLAPPE

[124 B2] Die Lage der Stadt (725 000 Ew.) in der *Conca d'Oro*, der „Goldenen Muschel", die von den Bergen hinter Monreale und vom Monte Pellegrino eingerahmt wird, ist großartig. Goethe fasste seine Begeisterung in die Worte vom „schöns-

> GESTIK & MIMIK

Fast wie eine zweite Sprache

Sizilianer müssen zum Sprechen unbedingt die Hände frei haben, die Frauen haben ihre Traglasten deswegen früher auf dem Kopf befördert. Gesten und Mimik unterstreichen die geliebten und reichliche verwendeten Worte, können sie aber auch ersetzen. Eine Geste kann hart verneinen, Widerspruch gar nicht erst aufkommen lassen, Verachtung oder Achtung zeigen, die Dinge aber auch völlig in der Schwebe lassen. Das entsprechende „Vokabular" ist riesig, und schon die Kinder wissen damit umzugehen.

ten Vorgebirge der Welt". Auch heute noch ist es am stimmungsvollsten, mit dem Schiff in Palermo anzukommen, erst einen Blick auf das Bergtheater der Nordküste zu werfen, dann immer tiefer in die Bucht einzufahren, die Türme und Kuppeln der Stadt immer deutlicher zu sehen.

Im Dom von Palermo steht der Sarkophag des großen Staufers: Kaiser Friedrich II.

Die Innenstadt, vor 200 Jahren eine der prachtvollsten Residenzstädte Europas, zeigt das häufig unvermittelte Nebeneinander von völliger Verödung und praller Vitalität, nicht nur auf den Märkten, dort allerdings am buntesten und exotischsten. Teile der Altstadt sind Ruinen, Trümmerflächen, wo die Bombardements des Zweiten Weltkriegs und die anschließende Spekulation Löcher gerissen haben. Andere Straßenzüge sind vom Morgen bis in die späte Nacht so voller Menschen, dass man sich kaum durchquetschen kann, denn inzwischen kommt wieder Leben in diese Viertel. Überall wird restauriert, aufgebaut, engagierte junge Leute sind in die ▶▶ Altstadt gezogen. Läden, Lokale und Treffs entstehen allenthalben.

Wie überall auf Sizilien ist der dominierende Baustil der Barock. Die Großartigkeit der normannischen Bauten und Mosaiken hat künftige Generationen daran gehindert, abzureißen, umzubauen und zu übertünchen. Aus der Zeit davor, von den Bauwerken der Araber, die Hunderte von Bethäusern und Moscheen in der Stadt besaßen, und aus byzantinischer Zeit ist nichts geblieben. Jedoch vermitteln die frühen Normannenkirchen wie *San Giovanni degli Eremiti* und *San Cataldo* sowie die beiden Gartenpaläste *La Cuba* und *La Zisa* eine gute Vorstellung von der Baukunst der sizilianischen Araber.

SEHENSWERTES

CATTEDRALE (DOM)

Aus den Jahren der Gründung des Doms (1185) stammen nur die Ausmaße der Kirche und der im reinen Normannenstil gehaltene Chor. Die eindrucksvolle spätgotische Seitenfassade mit dem Hauptportal ist katalanisch beeinflusst, die Kuppel und leider auch das Innere sind Arbeiten des ausgehenden 18. Jhs., sehr nüchtern und steif. Im Inneren stehen die schlichten Sarkophage Friedrichs II. (1194–1250) und der königlichen und kaiserlichen Familien aus poliertem Porphyr. *Kirche tgl. 7–19 Uhr | Königsgräber Mo–Sa 9.30–13.30 u. 14.30–17.30 | Eintritt 2 Euro*

CONVENTO DEI CAPPUCCINI

Hierher, in die Via Cappuccini im Osten der Stadt, strömen die Reisegruppen – mehr als zu jedem anderen Kulturdenkmal Palermos. Die Kapuzinermönche und viele Familien des Hochadels bestatteten sich als Mumien, der Welt die Vergänglichkeit aufzeigend. Von Staub bedeckt, in Kleidern, die zu Gespinsten zerfallen, hängen sie in den Katakomben des Konvents, in früheren Jahrhunderten wurden sie sogar von Zeit zu Zeit nach neuer Mode bekleidet. *Tgl. 9–12 u. 15–17.30 Uhr | Eintritt 3 Euro*

GALLERIA D'ARTE MODERNA

Kunst zwischen 1800 und 1900, als Palermo für ein, zwei Jahrzehnte eine Kulturmetropole war, eine großartige Sammlung meist sizilianischer Künstler, die anschließend in Vergessenheit gerieten. Rund 400 Werke aus Klassizismus, Romantik, Gründerzeit, Jugendstil und Neorealismus haben im wunderschön restaurierten ehemaligen Kloster *Santa Anna alla Kalsa* ihren Platz gefunden. *Di–So 9.30–18.30 Uhr | Piazza Sant'Anna ai Lattarini | Eintritt 7 Euro*

GALLERIA REGIONALE DELLA SICILIA

Im gotisch-katalanischen *Palazzo Abatellis* untergebracht, stellt das Museum die künstlerische Vergangenheit Siziliens vor, darunter die Büste der Eleonora d'Aragon von Francesco Laurana, ein Knabenkopf Antonello Gaginis sowie unter den Tafelbildern die eindrucksvolle „Verkündigung" von Antonello da Messina. *Mo 8.30–13, Di–Sa 8.30–18.45, So 9–15 Uhr | Via Alloro | Eintritt 6 Euro*

LA KALSA

Al-Halisah, „Die Erwählte" nannten die Araber das Viertel am Meeresufer und am Hafen. Hier stand der Palast des Kalifen. Später bauten die großen Adelsfamilien hier ihre Paläste und Kirchen, genossen den Abendspaziergang an der *Porta Felice* und längs des Ufers, wo heute zahlreiche Buden zum Fisch- und Eisessen einladen. Einen schönen Blick auf Küste und Altstadt genießt man von der *Passeggiata delle Cattive*, die erhöht auf der Stadtmauer und am mächtigen Palazzo Butera entlangführt, in dem Goethe 1783 wohnte. Auf die Zerstörung des Viertels durch Bombardements 1943 folgten Verfall und Entvölkerung durch Mafia und Bauspekulation.

Insider Tipp

In den letzten Jahren erlebt die Kalsa einen Neubeginn. Die ▶▶ *Piazza Marina* mit ihren 200 Jahre alten, mächtigen Gummibäumen und ihren vielen Trattorien ist bis in die Nacht belebt. In den beiden Hauptstraßen *Via Alloro* und *Via Torremuzza*, mit hohen, barocken Palast- und Kirchenfassaden, wird überall restauriert und wieder aufgebaut.

Die Wohnkultur der Oberschicht erleben Sie im *Palazzo Mirto*, der aus dem 18. Jh. stammt *(Via Merlo 2 | Mo–Sa 9–19, So 9–13.30 Uhr | Eintritt 2,50 Euro)*. *La Magione*, eine schlichte Normannenkirche mit einem bezauberndem Kreuzgang in einem kleinen Park, steht am Rand großer Freiflächen in dem Teil der Kalsa, die nach den Kriegszerstörungen nicht wieder aufgebaut wurde *(tgl. 9.30–18.30 Uhr)*. Gegenüber liegt die mächtige Kirchenruine ▸▸ *Santa Maria dello Spasimo,* die man zum Kultur- und Musikzentrum umgebaut hat *(tgl. 8–24 Uhr)*.

LA MARTORANA UND SAN CATALDO

Die beiden Kirchen stehen auf einer kleinen Anhöhe unweit der *Piazza Pretoria. San Cataldo* mit den hohen roten Kuppeln hat im Inneren die schlichte Struktur der Steine bewahrt, kein Zierrat lenkt von den Formen ab. Der Glockenturm der *Martorana* mit seinen zerbrechlich wirkenden Säulen und Spitzbogenfenstern wurde Vorbild für viele Normannenkirchen, auch auf dem süditalienischen Festland. Das Innere, zum Teil in barocker Zeit mit Fresken ausgemalt, ist von Goldmosaiken byzantinischer Meister überzogen. *Mo–Sa 8.30–13 u. 15.30–19, So 8.30–13 Uhr | Eintritt frei (La Martorana), 1 Euro (San Cataldo)*

MUSEO ARCHEOLOGICO

Das archäologische Museum befindet sich in einem früheren Kloster. In dem schönen Renaissancekreuzgang sind Grabstelen und Sarkophage ausgestellt. Die archaischen Metopen (Reliefplatten in Tempelgiebeln) aus Selinunt gehören wie der hellenistische Bronzewidder aus Syrakus zu den Hauptwerken griechischer Plastik. *Tgl. 9–13, Di–Fr auch 14.30–19 Uhr | Piazza Olivella | Eintritt 6 Euro*

MUSEO PITRÈ

Das größte Museum für Volkskunst in Sizilien ist in der *Villa Cinese* untergebracht, einer königlichen

Ein Brunnen mit 133 m Umfang: die Fontana Pretoria vor Palermos Rathaus

Villa im chinesischen Stil. An bestimmten Tagen gibt es Marionettentheateraufführungen. *Di–Sa 9–19.30, So 9.30–13 Uhr | Parco della Favorita | Eintritt 5 Euro*

Insider Tipp

ORTO BOTANICO (BOTANISCHER GARTEN)

Der Garten wurde 1792 als Vergnügungspark der feinen Gesellschaft angelegt. Mit Baumriesen aus der Mittelmeer- und Subtropenregion ist er heute ein schattiges Paradies und gibt einen umfassenden Überblick über die mediterrane Pflanzenwelt und die aus allen Teilen der Erde hier heimisch gemachten Arten. *Via Lincoln | April/Okt. tgl. 9–18, Mai/Sept. tgl. 9–19, Juni–Aug. tgl. 9–20, Nov. bis März Mo–Sa 9–17, So 9–14 Uhr | Eintritt 4 Euro | www.ortobotanico.palermo.it*

PALAZZO DEI NORMANNI UND CAPPELLA PALATINA ★

Der ehemalige *Königspalast,* dessen Ursprünge bis ins 9. Jh. zurückreichen, ist seit 1947 der Sitz der sizilianischen Regionalregierung und des Regionalparlaments.

Die *Cappella* war die Hofkapelle und wurde von byzantinischen, normannischen und arabischen Künstlern gebaut. Das Innere ist vollständig mit Goldmosaiken und Steinintarsien bedeckt. Die Mosaiken sind Werke von Künstlern aus Konstantinopel. Das Mittelschiff wird in den nächsten Jahren wegen Renovierung verhüllt sein. Im Altarraum stehen reich intarsiert der Königsthron Rogers II. (ital. Ruggero), der Osterleuchter, der als Kanzel dienende Ambo und der Hochaltar. Im oberen Stockwerk besitzt die Sala di Ruggero Mosaiken mit märchenhaften Tier- und Blumendarstellungen. Der Zugang erfolgt von außerhalb der Stadtmauer. *Piazza Indipendenza, Mo–Sa 8.30–12 u. 14–17, So 8.30–12 Uhr | Eintritt 6 Euro*

SAN GIOVANNI DEGLI EREMITI

Unterhalb des Normannenpalasts gibt die ehemalige Klosterkirche im üppigen Garten, wo immer Wasser plätschert, Palmen und exotische Blumen wachsen, eine Idee von der Üppigkeit des orientalischen Palermo und der arabisch geprägten Lebensweise der normannischen Oberschicht, zu der auch die Mönche privilegierter Klöster gehörten. *Mo–Sa 9–19, So 9–13 Uhr | Eintritt 6 Euro*

TEATRO MASSIMO

Das vom Palermitaner Architekten G. B. Basile 1875–97 errichtete Bauwerk ist ein Hauptwerk des sizilianischen Klassizismus und war nach der Pariser Opéra das größte Opernhaus Europas. *Opernsaison von November bis Mai | Piazza Verdi | Führungen Di–So 10–15.30 Uhr | 3 Euro | www.teatromassimo.it*

Insider Tipp

LA ZISA

Von arabischen Baumeistern errichtetes Lustschloss, in der Nähe des Kapuzinerkonvents. Das Innere, mit Wasserbecken, die von Quellen gespeist werden, ist vorbildlich restauriert, der Saal hat eine wunderschöne Stalaktitendecke. *Tgl. 9–18.30 Uhr | Eintritt 3 Euro*

ESSEN & TRINKEN

Insider Tipp

ANTICA FOCACCERIA SAN FRANCESCO

Garküche und Pizzeria in einem, mit schöner Jugendstileinrichtung. *Di*

Pyramidal! Oliven, Peperoni und Sardellen von den Märkten in der Altstadt

geschl. | *Via A. Paternostro 58* | *Tel. 091 32 03 64* | €

CASCINARI

In die Trattoria nahe des Flohmarkts kommen Studenten, Händler, Arbeiter und leitende Angestellte gleichermaßen, um die ganz traditionelle Küche der Stadt zu genießen. *Mo geschl.* | *Via D'Ossuna 43* | *Tel. 09 16 51 98 04,* €

KURSAAL KALHESA

▶▶ Mitten im Kalsa-Viertel, das immer mehr zum Treff wird, sind hier Restaurant, Pub, Buch- und Reiseladen unter einem Dach, wo heiß debattiert und sizilianisch gegessen wird. *Mo geschl.* | *Foro Umberto 21* | *Tel. 09 16 16 22 82* | *www.kursaalkalhesa.it* | €€

MAESTRO DEL BRODO

Einst eine volkstümliche Suppenküche, jetzt deutlich feiner. Neben Suppen und gekochtem Fleisch können Sie hier auch Nudelgerichte mit Gemüse und Fisch bekommen. *Di geschl.* | *Via Pannieri 7 (Vucciria)* | *Tel. 091 32 95 23* | €€

MULINAZZO Insider Tipp

Das Restaurant in *Bolognetta* [122 B2] an der Schnellstraße Palermo–Agrigento gilt schon seit Jahren als eines der besten in ganz Sizilien. *Tgl.* | *Tel. 09 18 72 48 70* | €€–€€€

EINKAUFEN

HANDWERKERSTRASSEN

Das Viertel zwischen *Bahnhof, Via Roma, Piazza Cassa di Risparmio, Piazza Rivoluzione* und *Via Garibaldi* ist ein Stück altes Palermo mit Läden und Werkstätten, die ihre Produkte gleich selbst verkaufen, wie Hutmacher, Schneider, Kerzenzieher.

STRASSENMÄRKTE ★

Lebensmittelmärkte gibt es einige in der Altstadt. Abgesehen von einer langen Mittagspause sind die Händler bis weit in den Abend aktiv. Palermos größter *Markt im Capo-Viertel* erstreckt sich um die Kirche Sant' Agostino und reicht in mehreren Straßen bis zum Teatro Massimo; der *Ballaró-Markt* umfasst das ganze Viertel um Porta Sant'Antonio, Chiesa del Carmine und Chiesa del Gesù. Der große *Non-Food-Markt,* auf dem überwiegend Kleidung und Haushaltswaren angeboten werden, erstreckt sich durch die Altstadt von der Piazza San Domenico bis zur Piazza Papireto.

ÜBERNACHTEN

Die Mehrzahl der Einfachhotels dient als Dauerquartier, viele sind verkommen und schmutzig.

LETIZIA

In der Altstadt in ruhigem Innenhof, dicht an der Vucciria. *15 Zi. | Via Bottai 30 | Tel./Fax 091 58 91 10 | www.hotelletizia.com* | €€

MASSIMO PLAZA

Mitten im Zentrum in restauriertem Palast, lärmgeschützt, mit Privatparkplatz. *15 Zi. | Via Maqueda 437 | Tel. 091 32 56 57 | Fax 091 32 57 11 | www.massimoplazahotel.com* | €€€

> LOW BUDGET

- Zwei Schritte vom Dom in Cefalù entfernt findet man das *Caffè Letterario La Galleria:* Bar, Restaurant mit kleinen frischen Speisen, Zeitungen und anderer Lektüre, Galerie und Ausstellungen. *Mi. geschl. | Via Mandralisca 23 | Tel./Fax 09 21 42 02 11*
- Dort, wo Palermos Altstadt am lebhaftesten ist, liegt das *Cortese:* sauber, preiswert, ein Treffpunkt junger Reisender. *20 Zi. | Via Scarparelli 16 | Tel./Fax 091 33 17 22*
- Palermo mit dem Stadtbus: Man hat die Wahl zwischen dem normalen Fahrschein, der 2 Stunden im gesamten Netz gilt, der Tageskarte und der ebenfalls ganztägig gültigen Tageskarte für die drei Altstadtbus-Ringlinien. *www.amat.pa.it*

POSTA

Ein angenehmes Familienhotel, in der Altstadt gelegen, sauber und ruhig. *27 Zi. | Via Gagini 77 | Tel. 091 58 73 38 | Fax 091 58 73 47 | www.hotelpostapalermo.it* | €€

AUSKUNFT

APT: Piazza Castelnuovo 35 | Tel. 09 16 05 83 51 | Fax 091 58 63 38 | www.palermotourism.com | weitere Infostelle im Hauptbahnhof

ZIELE IN DER UMGEBUNG

CORLEONE [124 B3]

Die Kleinstadt (11 000 Ew.), Heimat von Bossen und Paten, taucht in fast jedem Mafiaroman und Patenfilm auf. Und auch in der täglichen Berichterstattung von Presse und TV, obwohl der Clan der Corleonesen seine blutige Führungsposition innerhalb der Mafia erst in Palermo erobert hat. In den weiten, kahlen Hügeln erhebt sich die 1613 m hohe Felsbastion *Rocca Busambra*, deren Bergwälder und durch Grotten und Felsspalten zerklüftete Karsthochflächen als Versteck und „Friedhof der Mafia" galten. Sie sind durch gekennzeichnete Wanderwege erschlossen, die am Jagdschloss der Bourbonenkönige, *Bosco di Ficuzza,* beginnen. Unterkunft gibt es in der per Auto erreichbaren Berghütte *Alpe Cucco* auf 980 m *(18 Zi. | 102 Betten | Tel./Fax 09 18 20 82 25 | www.alpecucco.com | €)* mit guter Küche.

Insider Tipp

MONDELLO [124 B1]

15 km vor der Stadt liegt der Badestrand von Palermo, durch den Monte Pellegrino vor dem gröbsten Schmutz geschützt. Ein Teil der Ju-

Der Himmel auf Erden, könnte man sagen: die Goldmosaiken im Dom von Monreale

gendstilvillen mit schönen Gärten ist noch nicht durch Betonkästen verdrängt. Das *Splendid Hotel La Torre (166 Zi. | Tel. 091 45 02 22 | Fax 091 45 00 33 | €€–€€€)* ist ein modernes Hotel über dem Meer, das *Conchiglia d'Oro (50 Zi., Tel./Fax 091 45 03 59 | €€)* liegt ruhig in einer Seitenstraße. Das Restaurant *Bye Bye Blues (Di geschl. | Via Garofalo 23 | Tel. 09 16 84 14 15 | €€)* bewirtet mit hervorragender Meeresküche.

MONREALE [124 B1]

Der ★ *Dom von Monreale* (8 km westlich von Palermo) wurde als Benediktinerkloster 1174 von den Normannenherrschern gestiftet und mit riesigem Landbesitz in ganz Westsizilien ausgestattet. Er ist der größte und geschlossenste Sakralbau der Epoche. Zwei romanische Bronzetüren führen ins Innere, dessen Wände (6340 m²) vollständig mit Goldmosaiken bedeckt sind: Christus als Pantokrator und eine Bilderbibel, die Geschichten aus dem Alten und Neuen Testament erzählt *(April–Okt. tgl. 8–18 Uhr, Nov.–März tgl. 8–12.30 u. 15.30–18 Uhr)*. Der Kreuzgang *(Mo–Sa 9–19, So 9–13.30 Uhr | Eintritt 6 Euro)* holt mit den Tier- und Pflanzenornamenten seiner Kapitelle, mit seinem Garten und seinen Brunnen die Natur in die Weltabgeschiedenheit des Klosters.

Etwas außerhalb, in Panoramalage, steht das Hotel *Carrubella Park (30 Zi. | Tel. 09 16 40 21 88 | Fax 09 16 40 21 89 | €€)*. Nahe dem Domplatz gibt es im *Bricco & Bracco (So geschl. | Via D'Acquisto 13 | Tel. 09 16 41 77 73 | €€)* sizilianische Landküche.

MONTE PELLEGRINO ★ [124 B1]

Der 13 km vor der Stadt gelegene Hausberg von Palermo, 606 m hoch und dicht bewaldet, bietet eine großartige Aussicht über die Stadt und die Conca d'Oro. In einer natürlichen Höhle befindet sich die *Wallfahrtskirche der heiligen Rosalia,* der Schutzpatronin von Palermo.

> ANTIKES PFLICHTPROGRAMM

Von den endlosen Weingärten hinauf in baumlose Mondlandschaften, auch in touristisches Neuland

> Der Westen und die Küsten im Süden zwischen Gela und Selinunt sind weitgehend touristisches Neuland, lediglich die Pflichtetappen wie die griechischen Tempel von Agrigent, Selinunt und Segesta kennen Massenandrang. Mehr als in jedem anderen Teil der Insel erleben Sie Weite und das Wirken der Naturelemente Sonne, Wind und Regen.

Im Norden zwischen Trapani und Alcamo begrenzen Felsberge, kahl wie Mondlandschaften, die weite Ebene, die sich mit ihren Salinen und endlosen Weinfeldern bis Marsala und Selinunt an die Südküste zieht. Dann schließt sich fast ebenso endlos ein welliges Berg- und Hügelland mit weiten Tälern an, wo die wenigen Stadtdörfer auf den Bergspitzen stehen. Schon im Frühsommer, nach einer üppigen, kurzen Blütezeit, wenn Mohn und Ginster im Grün von Brachland und Getreideäckern rot und gelb leuchten, ist das fast überall

Bild: Selinunt, Tempel C

DER SÜDWESTEN

baumlose Land verbrannt, dessen lockere Wälder schon vor über 2000 Jahren der Rodung zum Opfer fielen.

AGRIGENT

[124 C5] Das antike Akragas, das mittelalterliche Girgenti und das *Agrigento* der letzten 30 Jahre sind drei Städte, die nicht wie sonst auf Sizilien in Schichten übereinander liegen. Jede steht an ihrem Platz, auch wenn die Hochhäuser des neuen Agrigent (39 000 Ew.) den Blick auf das alte Girgenti und die antike Stadt im *Valle dei Templi* zum Teil verstellen.

SEHENSWERTES

ALTSTADT

Urbanes Zentrum ist der palmenbestandene *Piazzale Aldo Moro*, der den mittelalterlichen Stadtkern mit der modernen Stadt verbindet. Von hier und, noch entspannender, von

AGRIGENT

Die Säulen des Heraklestempels von Agrigent sind über 10 m hoch

den Parkanlagen des *Viale della Vittoria* aus haben Sie ein großartiges Panorama über das Tal der Tempel und das Meer.

An der *Via Atenea* beginnen Sie einen Spaziergang und steigen gleich auf dem ersten, für Girgenti so typischen Treppenweg aufwärts zur Kirche *Santo Spirito*. In der *Chiesa del Purgatorio* an der Via Atenea befindet sich ein großartiger Figurenzyklus der Tugenden von Giacomo Serpotta (Kustodin im Hof). An der höchsten Stelle der Altstadt steht der *Dom*. Er beeindruckt durch seinen großen, lichten Innenraum mit den achteckigen Pfeilern und einer reich geschnitzten Kassettendecke

MUSEO ARCHEOLOGICO REGIONALE

Hier sind Fundstücke aus dem alten Akragas und der frühgeschichtlichen Kultur der Völker Innersiziliens ausgestellt. In einer der Hallen ist ein Modell des 7,75 m hohen Telamon vom Zeus-Tempel zu sehen. Zum Museum gehört die romanische Klosterkirche *San Nicola*, wo der spätantike Phädra-Sarkophag steht, der die tragische Liebesgeschichte von Phädra und ihrem Stiefsohn Hyppolitos erzählt. *Di–Fr 9–19, So/Mo 9–13 Uhr | Eintritt 6 Euro, mit Ausgrabungen 10 Euro*

VALLE DEI TEMPLI ★

Die antike Stadt und besonders ihre Tempelbezirke verstecken sich in Mandel- und Ölbaumhainen, die wohlbestellt sind. Am gewöhnlichen Zugang über die Staatsstraße 118, auf der auch die Stadtbusse verkehren, beginnen Sie Ihren Spaziergang in der Mitte des Plateaus.

Nach links steigt der Weg zu den zusammengebrochenen Steinmassen des *Herakles-Tempels* hinauf, von dem noch acht Säulen stehen. In der *Villa Aurea* ist ein kleines Museum untergebracht. Anschließend haben Sie einen freien Blick auf den *Con-*

cordia-Tempel aus dem 5. Jh. v. Chr., der durch seine ausgewogenen Formen gefangen nimmt. Seinen hervorragenden Erhaltungszustand verdankt er der Umwandlung in eine christliche Kirche im 6. Jh. Den folgenden Weg zum *Tempel der Juno* mit seinen zur Hälfte noch stehenden Säulen am höchsten Punkt des alten Akragas können Sie direkt am Steilabfall entlangspazieren, unterhalb sehen Sie dabei das *Grabdenkmal des Theron.*

Zum Parkplatz zurückgekehrt, treten Sie nach rechts in die tiefer gelegene archäologische Zone ein. Der *Tempel des Olympischen Zeus* ist ein Haufen riesiger Steinblöcke und Säulentrommeln. Der durch ein Erdbeben zerstörte Tempel wurde nach dem Sieg über die Karthager bei Himera 480 v. Chr. begonnen und war mit 112 m Länge und 58 m Breite einer der größten antiken Tempel überhaupt. Am äußersten Rand der tiefer liegenden Ebene mit Resten eines heiligen Bezirks befinden sich das *Heiligtum der Erdgottheiten (Tempio delle divinità chtonie)* mit Opfergruben und der *Tempel von Castor und Pollux. Tgl. 8.30–19 Uhr | www.valledeitempli.net | Eintritt 6 Euro, mit Museum 10 Euro*

ESSEN & TRINKEN

DA CARMELO

Dorftrattoria, in der es Schnecken, Kaninchen, Lamm und Zicklein gibt. *Mi geschl. | Joppolo Giancaxio (12 km nördlich) | Via Roma 16 | Tel. 09 22 63 13 76, €*

GIOVANNI

In der Altstadt genießt man Fisch- und Gemüseküche in gepflegtem Ambiente. *So geschl. | Piazza Vadalà | Tel. 092 22 11 10 | €€*

ÜBERNACHTEN

Die meisten Hotels liegen im Neubauvorort Villaggio Mosè. Quartiere in der Altstadt und im Valle dei Templi unbedingt vorbestellen!

AGRITURISMO FATTORIA MOSÈ

Gutshof aus dem 17. Jh.; Garten, Museum. *3 Zi. | 6 Ferienwohnungen | Villaggio Mosè | Via Mattia Pascal 4 | Tel./Fax 09 22 60 61 15 | www.fattoriamose.com | €€*

MARCO POLO HIGHLIGHTS

★ **Valle dei Templi**
Der Concordia-Tempel von Agrigent war für Goethe ein Götterbild (Seite 74)

★ **Eraclea Minoa**
Über schneeweißen Kreidefelsen liegt der bezaubernde antike Ort (Seite 81)

★ **Selinunt**
Die griechischen Tempel über dem Meer (Seite 79)

★ **Gibellina**
Ein Zentrum für moderne Architektur und kulturelle Initiativen (Seite 78)

★ **Erice**
Eine immer noch intakte mittelalterliche Kleinstadt (Seite 83)

★ **Segesta**
Einsam in den Bergen ein griechischer Tempel und ein Theater (Seite 85)

BAGLIO DELLA LUNA

Im denkmalgeschützten Herrenhaus eines Weinguts im Valle dei Templi mit Blick auf das alte Akragas, große Panoramaterrasse. *27 Zi. | Contrada Maddalusa | Tel. 09 22 51 10 61 | Fax 09 22 59 88 02 | www.bagliodellaluna.com | €€€*

AUSKUNFT

AAST: Via Empedocle 73 | Tel. 092 22 03 91 | Fax 092 22 02 46
APT: Viale della Vittoria 255 | Tel. 09 22 40 13 52 | Fax 092 22 51 85

ZIELE IN DER UMGEBUNG

GELA **[128 A4]**

Die 75000 Ew. zählende Industriestadt 78 km östlich von Agrigent ist wegen der griechischen Stadtmauern am *Capo Soprano* einen Abstecher wert. Entsprechend der großen Bedeutung der Stadt in der Antike birgt das *Museo Regionale Archeologico* am Parco Rimembranza *(tgl. 9–18.30 Uhr | Eintritt 3 Euro)* wertvolle Funde und eine bemerkenswerte Münzsammlung. Schön ist der Strand am Küstenkastell von *Falconara,* 20 km in Richtung Agrigent. Mit Liebe geführt wird das Hotel *Stella del Mediterraneo (12 Zi. | Tel. 09 34 34 90 04 | Fax 09 34 34 90 07 | www.stelladelmediterraneo.it | €€)* über dem Kliff, mit Sandstrand.

>LOW BUDGET

> Das grobe Meersalz aus den Salinen *Ettore Infersa* von Mozia ist ein nettes Mitbringsel, allein schon die schöne Packung macht Freude *(westlich der Straße Marsala–Birgi, www.salineettoreinfersa.com/home.html)*.

> *Paloma Blanca:* Einfache, saubere Pension, nicht weit von den Thermen in Sciacca gelegen. *15 Zi. | Via Figuli | Tel. 092 52 51 30 | Fax 092 52 56 67*

PALMA DI MONTECHIARO **[124 C6]**

Die Familie des Romanautors Giuseppe Tomasi di Lampedusa besaß hier, 24 km östlich von Agrigent, ihren Stammsitz, der Palast ist aber nicht Schauplatz des „Leoparden". 4 km sind es zur *Marina di Palma.* Dort ist auch eine Steilküste, die von einer Burgruine überragt wird.

In der 18 km entfernten Hafenstadt *Licata* bietet das *La Madia* Insider Tip *(Di geschl. | Via Filippo Re 22 | Tel. 09 22 77 14 43 | €€€)* eine der kreativsten Küchen Siziliens. Der junge Chef und seine Mitarbeiter haben einen Senkrechtstart hinter sich.

REALMONTE UND SICULIANA **[124 B5]**

Zwischen Porto Empedocle und Sciacca verläuft die Hauptstraße 3 bis 8 km von der Küste entfernt, zu deren einsamen Naturstränden Stichstraßen führen. Bei Realmonte stürzen die schneeweißen Sandsteinfelsen von *Capo Rosello* bis zu 90 m tief ins Meer. *Siculiana Marina* hat neben Felsküste gute, meist flache Sandstrände, die sich nach Westen bis Torre Salsa fortsetzen.

Gute Meeresküche serviert das *La Scogliera* an der Uferpromenade, *(Mo geschl. | Tel. 09 22 81 75 32 | €€)*. Unterkunft in Ferienwohnungen und im Hotel *Paguro Residence (12 Zi. | Tel. 09 22 81 55 12 | Fax 09 22 81 78 55 | €€)* im Ort über dem

Strand. Über den Dünen von *Torre Salsa* liegt der gleichnamige Agriturismo-Bauernhof *(3 Apt. | Tel./Fax 09 22 84 70 74 | www.torresalsa.it | €–€€).*

MARSALA

[122 C4] **Nach Westen läuft Sizilien ganz flach ins Meer aus. Im Stadtgebiet von Marsala (40 000 Ew.) liegt *Capo Lilibeo*, der westlichste Punkt der Insel. Marsala ist Vermarktungs- und Kellereizentrum für Westsizilien.** Diese Rolle verdankt es dem Engländer John Woodhouse, der während der napoleonischen Herrschaft über Europa hier mit dem Marsala, einem Likörwein, Ersatz für das Lieblingsgetränk der vom Portwein abgeschnittenen Engländer fand.

SEHENSWERTES

ALTSTADT

In den weitgehend intakten Stadtmauern aus dem 16. Jh. liegt eine wunderschöne Barockstadt, sie hat die fröhlichen und beschwingten Fassaden, wie sie typisch für die Städte im landwirtschaftlich reichen Westen von Sizilien sind. Die *Piazza della Repubblica* ist der Salon der Stadt: mit Arkaden und Loggia, einem Brunnen in der Mitte und dem Dom *San Tomaso*. Die Grundrisse eines römischen Stadtviertels sind hinter der *Porta Nuova* zu sehen.

ENOMUSEO

Hier erfahren Sie vieles über Geschichte und Alltag des Weinbaus, von Kellerei und Weinhandel. *Tgl. 8.30–13 u. 15–19 Uhr | an der Straße Nr. 115 nach Mazara | Eintritt frei*

MUSEO ARCHEOLOGICO BAGLIO ANSELMI

Reste eines punischen Schiffs aus dem 3. Jh. v. Chr., die 1969 im Flachmeer vor Marsala gehoben und restauriert wurden, Funde aus der punischen und römischen Stadt sowie Grabbeigaben sind hier ausgestellt. *Di–Sa 9–19, So 9–13 Uhr | direkt am Capo Lilibeo | Eintritt 3 Euro*

Bis aus dieser Traube Wein wird, wird noch ein Weilchen vergehen

ESSEN & TRINKEN

BACCO'S

Meeresküche mit Riesenauswahl. Von der Villa aus dem 18. Jh. Blick zu den Inseln, den Salinen und zum Eryx. *Mo geschl. | Via Trieste 5 | Tel. 09 23 73 76 62, €€*

MARSALA

GARIBALDI
Altstadttrattoria mit typischer Fischerküche. *Sa geschl. | Piazza Addolorata 35 | Tel. 09 23 95 30 06 | €*

EINKAUFEN

Zahlreiche Kellereien bieten Weinproben an und verkaufen direkt.

ÜBERNACHTEN

ACOS
Modernes Durchgangshotel mit gutem Restaurant, am Stadtrand. *35 Zi. | Via Mazara 14 | Tel. 09 23 99 91 66 | Fax 09 23 99 91 32 | www.acoshotel.com | €€*

ZIELE IN DER UMGEBUNG

GIBELLINA ★ [123 E4]
Nach dem Erdbeben von 1968 im Belice-Tal entstanden erst einmal Barackenstädte, die zum Dauerzustand zu werden drohten. Die staatlichen Hilfsgelder versickerten in den Taschen der Mafia und politischer Korruption. Die Bewohner des 45 km östlich von Marsala gelegenen Gibellina, deren Dorf zerstört war, kämpften gegen Entmutigung und Abwanderung an, demonstrierten in Rom und luden nicht nur Politiker zu sich ein, sondern auch Künstler, die mit Veranstaltungen Gibellina und seinen Wiederaufbau bekannt machten. Das alte Gibellina ist eine Trümmerwüste, teils überwuchert, teils als Mahnmal unter Beton versiegelt. Der neue Ort liegt 20 km entfernt; er ist ein urbanistisches Experiment mit beachtlichen Schöpfungen moderner Architektur, eine Wohnstadt mit viel Platz, Gärten und Lebensqualität. In der Schule befinden sich ein *Museum* über das alte Gibellina und eine *Kunstgalerie (Di–Sa 9 bis 13 u. 16–19, So 10–12 Uhr | Eintritt 1,30 Euro)*. Auskunft: *Piazza 15 Gennaio 1968 | Tel./Fax 092 46 78 77 | www.comunedigibellina.it*

Der großzügige Thermalpark *Terme di Acqua Pia (Tel. 092 53 90 26 |*

Gibellina unter Zement: monumentales Mahnmal des Künstlers Alberto Burri

Fax 092 53 91 30 | www.termeacqua pia.it) liegt an der Straße nach Montevago (20 km südöstlich) mit Pool, Wellnessbereich, Quellen, Park, Restaurant (€) und Gästehäusern *(26 Zi. | 3 Apt. | €–€€)*.

MAZARA DEL VALLO [122 C4]

Die 22 km südöstlich von Marsala gelegene Stadt ist Italiens größter Fischereihafen und, dank Tausender nordafrikanischer Arbeiter, die auf den Booten die Knochenarbeit zu miserablen Löhnen machen, die Pforte zum Orient. Die Altstadt hat den Charakter einer Kasbah, weiß und kahl, staubig unter der Sonne, nur von einzelnen Palmen überragt.

Nahe dem stinkenden Hafen, unter den Blumen der Uferpromenade, um die barocke Piazza, duftet der Fisch aus Topf und Pfanne. Die *Piazza della Repubblica* ist Höhepunkt barocker Platzgestaltung, die Innenausstattung des *Doms* ein Beispiel für die Meisterschaft sizilianischer Stuckateure, mit Gips, Blattgold und Farbe jedes beliebige Material zu imitieren. Erlesenen Luxus bietet das *Kempinski Hotel Giardino di Costanza (81 Zi. | Tel. 09 23 67 50 00 | Fax 09 23 67 58 76 | www.giardino dicostanza.it | €€€)*, das 7 km landeinwärts an der Straße nach Salemi liegt. Schmackhafte Meeresfrüchte und -fische serviert das *Pescatore* in gepflegtem Ambiente am Stadtrand *(Mo geschl. | Via Castelvetrano 191 | Tel. 09 23 94 75 80 | €€)*.

SELINUNT ★ [123 D5]

Auf einem Plateau über dem Meer, das zwei Talmulden gliedern, stehen die griechischen Tempel weithin sichtbar, zwei mit wieder aufgerichteten Säulen, die anderen als riesige Trümmerhaufen. Der größte Teil der antiken Stadt, 52 km südöstlich von Marsala, liegt bis zum heutigen Tag unsichtbar unter Feldern. Die Distanzen in der Ausgrabungszone und die Größe der *Akropolis*, die auf einem flachen Hügel zwischen den beiden versandeten Häfen an den Flussmündungen liegt, vermitteln die Größe dieser Stadt, deren Blüte aus dem Weizenhandel gerade 300 Jahre dauerte. *Tgl. 9 Uhr bis Sonnenuntergang | Eintritt 6 Euro.*

Marinella heißt der nahe gelegene moderne Küstenort mit weiten Sandstränden besonders im Bereich der Belice-Mündung. Das *Alceste (26 Zi. | Tel. 092 44 61 84 | Fax 092 44 61 43 | www.hotelalceste.net | €€)* ist ein angenehmes Ferienhotel im Ort. Sehr gute und interessante regionale Küche bekommen Sie im Restaurant *Africa (Do geschl. | Via Alceste 24 | Tel. 092 44 64 56 | €€)* an der Uferpromenade. Gut übernachten und auch essen können Sie direkt am Strand von *Porto Palo* [123 D5] bei *Vittorio (9 Zi. | Tel. 092 57 83 81 | €–€€)*. Insider Tipp

SCIACCA

[123 E5] Wie eine orientalische Kasbah wirkt diese Häuserlawine (35 000 Ew.), die sich zum Fischereihafen ergießt. Die Altstadt ist ein verwinkeltes Fußgängerrevier, die Gassen sind vielfach gerade so breit, dass zwei Leute aneinander vorbeikommen. In die höheren Stadtteile führen Treppenwege, ihr Verlauf stammt weitgehend noch aus der arabischen Zeit. Eine Stadtmauer mit schönen Barocktoren umgibt die Altstadt. Die Prachtstraße ist der

Corso Vittorio Emanuele, der über dem Steilabbruch zum Hafen liegt, ihn säumen Paläste und die Hauptkirchen. Der weite Platz vor dem Jesuitenkolleg ist der „Salon", wo sich alle zum abendlichen *corso* treffen. Vorbei an der schönen barocken *Kathedrale* gelangt man zum *Stadtpark* und daran anschließend zu den *Thermalbädern* im Stil der Wende zum 20. Jh., als Sciacca mit seinen heißen Quellen und Dampffumarolen noch ein bedeutender europäischer Badeort war.

Eine skurrile Fortführung des Barocks mit seinen zahlreichen grotesk übersteigerten Details hat im 20. Jh. der naiv gestaltende Autodidakt Filippo Bentivegna in seinem eigenen Olivenhain unternommen, wo er Reihe für Reihe grob aus dem Stein modellierte Köpfe aufstellte. Sein Insider Tipp *Castello Incantato* vermachte er der Stadt Sciacca *(Di–Sa 10–12 u. 16–20, So 10–12, Nov.–März Di–So 15–17 Uhr | Eintritt frei)*.

ESSEN & TRINKEN

HOSTARIA DEL VICOLO

Im oberen Teil der Altstadt; es gibt Fischgerichte und feinen Meeressalat. *Mo geschl. | Vicolo Sammaritano 10 | Tel. 092 52 30 71* | €€

ÜBERNACHTEN

AGRITURISMO MONTALBANO

Biohof an der Straße nach Palermo. Pool. *4 Apt. | Tel./Fax 09 25 68 01 54 | www.aziendamontalbano.com* | €

VILLA PALOCLA

Acht stilecht eingerichtete Zimmer in einem Landsitz aus dem 17. Jh. Mit Restaurant. *3 km südöstl. von Sciacca | Tel./Fax 09 25 90 28 12 | www.villapalocla.it* | €€

STRÄNDE & SPORT

Schöne, noch nicht vom Tourismus überlaufene Sandbuchten können Sie entlang der Straße nach Agrigent finden: *Torre Macauda, Torre Verdura* Insider Tipp und *Secca Grande*; der Besuch des

Die Kreideklippen von Eraclea Minoa leuchten im Licht der untergehenden Sonne

Letzteren lohnt sich besonders für Taucher.

AUSKUNFT

AAST: Corso Vittorio Emanuele 84 | Tel. 092 52 27 44 | Fax 092 58 41 21

ZIELE IN DER UMGEBUNG

CALTABELLOTTA [123 F5]

Viele Orte Siziliens liegen abenteuerlich, aber keiner so wie Caltabellotta (19 km nordöstlich von Sciacca) unter einer Kette von Felsbastionen, aus deren Stein Burgen und Kirchen herauswachsen. Der Blick, besonders von den Ruinen der Burg, zu denen eine steile Treppe führt, umfasst einen großen Teil der Insel.

ERACLEA MINOA ★ [123 F6]

Schneeweiß und 80 m tief brechen 33 km südöstlich von Sciacca die Kreidefelsen senkrecht ins Meer ab. Oben auf der Hochfläche liegen die Reste der antiken Stadt, deren *Theater* mit den in den weichen Stein ge-

Kunterbunt: Karneval in Sciacca

hauenen Sitzreihen unter Plexiglas vor weiterer Verwitterung geschützt wird *(tgl. 9 Uhr bis Sonnenuntergang | Eintritt 3 Euro)*.

TRAPANI

KARTE IN DER HINTEREN UMSCHLAGKLAPPE

[122 C3] **Wie ein langer Finger ragt die Stadt (62 000 Ew.) ins Meer, in ihrem Rücken erhebt sich senkrecht der Berg von Erice mit 750 m, im Süden breiten sich endlos und flach die Salinen aus mit den leuchtend weißen Salzbergen und Windmühlen, auf dem Meer liegen die Inseln, Bergschollen im Wasser.** Hinter der langen Hafenfront verbirgt sich die weitgehend vom Barock geprägte Altstadt. Einen schönen Innenhof mit Arkaden und Loggien besitzt der *Palazzo Riccio* aus der Renaissance, während die mit dem sizilianischen Adler und den beiden Uhren gekrönte Fassade des *Palazzo Cavarretto* die Hauptstraße, den *Corso Vittorio Emanuele*, optisch abschließt.

Die Jesuitenkirche *Chiesa del Collegio* ist prunkvoll im Geschmack des Ordens gehalten.

Die Salinen vor der Stadt werden teilweise noch heute zur Salzgewinnung genutzt. Ansonsten sind die Salzgärten mit einst über 60 Windmühlen Kulturdenkmäler.

SEHENSWERTES

MUSEO REGIONALE PEPOLI

Im ehemaligen Kloster *Santuario dell'Annunziata* untergebracht, ist es eins der bedeutenden Museen für mittelalterliche und neuzeitliche Kunst Siziliens, u.a. besitzt es Werke von Antonello Gagini und ein Gemälde Tizians. Goldschmiedearbeiten und Korallenschnitzereien sowie Majolikavasen und -kacheln zeugen vom Können trapanesischer Meister. *Di–Sa 9–13.30, So 9–12.30 Uhr | Eintritt 4 Euro*

ESSEN & TRINKEN

CANTINA SICILIANA

Nicht weit vom Hafen, lebhaft, Meeresküche mit Couscous, Seeigel, Thun- und Tintenfisch. *Tgl. | Via Giudecca 36 | Tel. 092 32 86 73 | €€*

SAVERINO

Direkt am kleinen Lungomare der *Tonnara di Bonagia* (8 km in Richtung San Vito), schickes Design, in der Küche die Mamma mit den Töchtern. Mit 20 Hotelzimmern. *Tgl. | Tel. 09 23 59 27 27 | www.saverino.it | €€*

ÜBERNACHTEN

BAGLIO FONTANASALSA

Großes Landgut aus dem 18. Jh. Mit Restaurant (€, Vorbestellung nötig). *8 Zi. | an der Straße nach Marsala | Tel./Fax 09 23 59 10 01 | www.fontanasalsa.it | €€*

NUOVO RUSSO

Korrekt geführtes Stadthotel im Zentrum und in Hafennähe. *35 Zi. | Via Tintori 4 | Tel. 092 32 21 66 | Fax 092 32 66 23 | €€*

AUSKUNFT

APT: an der Piazza Saturno | Tel. 092 32 90 00 | Fax 092 32 40 04 | www.apt.trapani.it

ZIELE IN DER UMGEBUNG

ÄGADISCHE INSELN (ISOLE EGADI) [122 A–B3]

Die drei vor der Küste gelegenen Inseln sind von Trapani aus mehrmals täglich mit Fähren und Tragflügelbooten erreichbar. Sie sind kleine Kalkschollen im Meer, das hier noch intakt ist und mit Klippen, Meeresgrotten und einer reichen Unterwasserfauna besonders Taucher anzieht.

Favignana (19 km^2, 33 km Küstenlänge, 3800 Ew.) ist noch heute eine der wichtigen Thunfischfangstationen. An den meist flachen Steinküsten wurde früher der weiche Kalktuff abgebaut und als Baustein verschifft. Geblieben sind die bizarren Formen dieser Steinbrüche direkt am Meer. Der größte Teil der Insel ist flach und mit Feldern bestellt, nur in der Mitte ragt der 314 m hohe *Monte Santa Caterina* auf, mit einer Festung auf dem Gipfel. Badebuchten mit ein wenig Sandeinspülung gibt es im Süden der Insel. Unterkunft und beste Meeresküche gibt es im Hotel Egadi *(11 Zi. | Via Colombo 17 | Tel. 09 23 92 12 32 | www.egadi.com/albergoegadi | €€–€€€).* Insider Tip

Levanzo (6 km^2, 12 km Küstenlänge, 200 Ew.) ist ein 278 m hoher Felsrücken, der bis auf die Felder im ebenen Teil der Insel und die Terrassierungen über dem Hafendorf von dichter Macchia bedeckt ist. Die Küste ist schroff und felsig. In die *Grotta del Genovese* sind 15 000 Jahre alte Felszeichnungen von Menschen und Tieren eingeritzt *(Führung | 10 km Fußweg oder Bootsfahrt | Tel. 09 23 92 40 32 | Giuseppe Castiglione)*. Einfache Unterkunft und die gute Küche der Fischer gibt es im *Paradiso (23 Zi. | Lungomare | Tel. 09 23 92 40 80 | €€)*.

sider ipp *Marettimo* (12 km^2, 19 km Küstenlänge, 700 Ew.) ist ein schroffer Gebirgszug, der sich bis 686 m hoch aus dem Meer erhebt. Leichten Zugang zum Meer gibt es vom Land her nur an wenigen Stellen, die großartigsten Buchten und Meereshöhlen erreicht man mit Booten (Touren ab Hafen). Unter Wasser ist Marettimo ein Traum. Zu Fuß führen Wanderungen auf Ziegenpfaden hoch über der Ostküste zur Burgruine *Punta Troia* und zum Leuchtturm an der noch wilderen Westküste. Die Trattoria *Il Veliero (tgl. | Tel. 09 23 92 32 74 | €€)* ist der Inseltreffpunkt, und man isst gut und reichlich Fisch. Übernachtung in Privatzimmern, die Anbieter stehen am Hafen, wenn das Schiff einläuft.

ERICE ★ [122 C3]

Fast über dem Meer, aber in über 700 m Höhe schwebt 14 km nordöstlich von Trapani das mittelalterliche Erice mit seinen grauen Steinhäusern. Oft steckt es in den Wolken, auch wenn sonst über ganz Westsizi-

Ganz entspannt im Hier und Jetzt: Kaffeepause auf Marettimo

lien die Sonne brennt. Hier verehrten die aus Kleinasien eingewanderten Elymer und Punier die Liebesgöttin Astarte, die Römer bauten ein großes Venusheiligtum an die Stelle, wo heute das *Normannenkastell* steht, und danach trat Maria die Nachfolge an. Man merkt, dass die Stadt zu einem großen Teil verlassen ist, aber die sonst so augenfälligen Zeichen des Verfalls fehlen. Denn sie ist Ziel vieler Sizilianer, die hier am Wochenende die kühlere Luft genießen. Und der Blick über die Ebene mit den Salinen, den Inseln des Flachmeers von Marsala, den Ägaden und der felsigen Küste von San Vito ist einmalig.

In alten Stadtpalazzi residieren das stilvolle Hotel *Elimo (21 Zi. | Tel. 09 23 86 93 77 | Fax 09 23 86 92 52 | www.hotelelimo.it | €€€)* und das Insider Tipp *Moderno (40 Zi. | Tel. 09 23 86 93 00 | Fax 09 23 86 91 39 | www.pippocatalano.it | €€).* Sehr gut essen können Sie im *Monte San Giuliano (Mo geschl. | Tel. 09 23 86 95 95 | €€),* wo es den berühmten *cuscus alla trapanese* gibt, und einfacher, mit ländlicher Küche, im *Ulisse (Do geschl. | Tel. 09 23 86 93 33 | €–€€),* wo Sie im schattigen Garten sitzen können.

SAN VITO LO CAPO **[123 D2]**

Die 40 km lange Fahrt an der zerklüfteten Küste entlang ist großartig: nackter Fels in *Scurati,* neben noch bewohnten Bauernhütten verlassene Häuser, die in einer Riesenhöhle stehen. Tiefer im Land sehen Sie üppige Macchia und kleine, fruchtbare Felder. *San Vito,* das an einer flachen Sandbucht dicht beim Kap mit dem Leuchtturm liegt, hat sich um einen mächtigen Sarazenenturm entwickelt, der heute zur Kirche umgebaut ist. Die exponierte Lage, der Sandstrand und die bizarre Felsküste von *Torre dell'Impiso* haben es zum besuchten Ferienort gemacht.

Meeresküche bekommen Sie im *Tha'am (Mi geschl. | Via Abruzzi 32 | Tel. 09 23 97 28 36 | €€),* übernachten können Sie dicht am Wasser im guten Hotel *Egitarso (22 Zi. | Tel. 09 23 97 21 11 | Fax 09 23 97 20 62 | www.hotelegitarso.it | €€)* oder im Bed & Breakfast *Ai Dammusi (2 Zi. | Tel. 09 23 62 14 94 | www.aidammusisanvito.it | €€),* einem orientalischen Würfelhaus mit Gewölbedach, das direkt am Sandstrand liegt. Auskunft: *Rathaus | Tel. 09 23 97 24 64*

SCOPELLO **[123 D2]**

Das von Mauern umgebene, 35 km von Trapani entfernte Geviert Scopello liegt über der Steilküste, es ist kaum mehr als ein befestigtes Gut inmitten der kargen Macchia. Unten schäumt das Meer in kleine Schotterbuchten, die von den *faraglioni,* hohen Felsklippen, überragt werden. Nach Norden beginnt das Naturschutzgebiet *Zingaro.*

Scopello selbst ist übrigens kein Fischerdorf, trotz der Nähe des Meers. Hier lebten schon immer Hirten. In den Häusern wohnen heute Kunsthandwerker, oder sie beherbergen kleine Landhotels; ursprünglich, mit Familienküche: *La Tavernetta (7 Zi. | Tel./Fax 09 24 54 11 29 | €€)* und gleich daneben das umgebaute Bauernhaus mit Garten *Casa Vito Mazzara (Tel. 09 24 54 11 35 | €)* mit sieben Zimmern und zehn Apartments. Auf dem Berg in *Castello di Baida* können Sie Ferien auf dem

Bauernhof mit einem Traumblick über die Küste machen bei *Camillo Finazzo (6 Zi. u. Apt. | Tel./Fax 092 43 80 51 u. 32 96 19 97 98 | €).*

Zur *Riserva dello Zingaro* [123 D2] führt eine Straße. Ins Naturschutzgebiet kommen Sie nur zu Fuß; vergessen Sie nicht die Badesachen, es führen immer wieder Pfade zu Traumbuchten. Die gut angelegten Wege dürfen nicht verlassen werden, Hunde sind verboten. Der 7 km lange Weg an der Küste ist gekennzeichnet und einfach zu gehen, aber denken Sie an Wasser, Vesper und Sonnenschutz! *Information an beiden Eingängen Scopello und Torre dell' Uzzo;* im Web: *www.riservazingaro.it | Eintritt inkl. Wanderkarte 3 Euro*

Meeresküche ganz frisch und vielfältig gibt es im *Ristorante del Golfo* im Zentrum *(Di geschl. | Via Segesta 153 | Tel. 092 43 02 57 | €–€€).* Über Castellammares verwinkelter Altstadt steht mit Blick auf die Küste des Zingaro das Hotel *Al Madarig (33 Zi. | Piazza Petrolo 7 | Tel. 092 43 35 33 | Fax 092 43 37 90 | www.almadarig.com | €€)*

Goethe über Segestas Tempel: »Der Wind sauste in den Säulen wie in einem Walde«

SEGESTA ★ [123 D3]

In der Einsamkeit des Berglands, 41 km südöstlich von Trapani, liegen Theater und Tempel dieser sonst verschwundenen Elymerstadt, deren Bewohner die griechische Kultur und Lebensweise übernommen hatten. Der *Säulentempel* aus dem 5. Jh. v. Chr. wurde wohl nie vollendet. Das höher gelegene *Theater* öffnet sich mit seinem Halbrund zum entfernten Meer und dem Tal unterhalb von Alcamo. *Tgl. 9–18 Uhr | Eintritt 6 Euro*

Unterhalb von Segesta gibt es am *Fiume Caldo* Thermalquellen mit heißem Schwefelwasser, die am Ende einer tiefen Schlucht entspringen. Von der Straße nach Castellammare zweigt hinter der Brücke über den Fluss eine Straße zu den *Terme Segestane* ab *(Thermalschwimmbecken Fr–Mi 9–13 u. 16.30–24 Uhr | Eintritt 5 Euro).*

> VULKANISCHE MÄRCHENWELT

Entdecken Sie Höhlen und kleine Grotten, Klippen, Thermen und winzige Buchten

> Als silbrig graue Kegel, die über dem Wasser schweben, zeigen sich die sieben Inseln von weitem; nähert sich das Schiff, zeigt sich ganz deutlich ihr vulkanischer Ursprung.
Die Meeresbrandung hat den weichen Tuff zernagt, die härtere Lava liegt in Blöcken an den fast immer steil ins Meer abbrechenden Ufern. Höhlen und kleine Grotten, Felsbögen und Nadeln, kleine vorgelagerte Klippen und winzige Strandbuchten bilden eine bisher unzerstörte Landschaft. Unter niedrigen Macchiasträuchern, Schilf und großen Grasbüscheln werden die Farben von Erde und Gestein sichtbar: Die Skala reicht vom blendenden Weiß des Bimssteins über erdige Töne zu leuchtendem Rot, Grün und dem tiefen Schwarz der Lava.

Besiedelt wurden die Inseln zum ersten Mal vor 6000 Jahren. Lipari besaß im Mittelmeer das größte Vor-

Bild: Die Felsküste von Salina

LIPARISCHE INSELN

kommen an Obsidian, einem schwarz glänzenden vulkanischen Glas, aus dem bis in die Bronzezeit vor 3000 Jahren besonders scharfe Klingen, Pfeilspitzen, repräsentative Dolche und Äxte hergestellt wurden. Obsidian aus Lipari wurde bis nach Skandinavien, Südrussland und Ägypten exportiert. Um 1270 v. Chr. lockte der Reichtum der Inseln Eroberer vom Festland an, deren König Liparos den Inseln ihren Namen gab. Die Einheimischen nennen sie allerdings „Isole Eolie" nach dem griechischen Windgott Äolos, der in dieser sturmgepeitschten Ecke des Mittelmeers seinen Wohnsitz hat – bis heute. Nicht selten sind die Inseln durch Stürme für Tage von der Außenwelt abgeschnitten.

Besonders Lipari ist ein Paradies für Spaziergänger, Vulcano für Fans warmen Wassers, Salina ist die grüne Insel mit wunderbarem Wein, in Panarea treffen sich die Promis und ihr Gefolge, Stromboli lockt mit vulkanischen Feuergarben, Filicudi und Alicudi sind einsam, über und unter dem Wasser intakte Natur. Seit 1999 sind die Inseln Weltnatur- und Weltkulturerbe der Unesco.

Netz-Wirrwarr und harte Arbeit: Fischer im Hafen von Lipari

Mehrmals täglich verkehren Fähren und Schnellboote *(aliscafi* und *katamaran)* zwischen Milazzo und Lipari, das der zentrale Umsteigehafen für alle Inseln ist.

„La cucina eoliana", die Inselküche, war die Kunst bitterarmer Leute, von den kargen Erträgen der Landwirtschaft und Fischerei satt zu werden und das Essen als Lebensfreude zu genießen. Diese Küche geht bis heute sparsam mit den Zutaten um, die aus dem Meer und den kleinen Gärten kommen. Die Sonne, der salzige Meerwind und die Mineralien der Vulkanerde geben Tomaten, Auberginen, Zucchini und Grünzeug ein besonders intensives Aroma, verstärkt wird es noch durch den wilden Fenchel, Origano und die Kapern, die an keinem Gericht fehlen und in allen noch so unfruchtbaren Ecken der Inseln reichlich wachsen.

LIPARI

[126 C2] Die Stadt (4500 Ew.) mit ihren Mauern, barocken Fassaden und Turmhauben der Kirchen wird von dem massigen Felsklotz der *Akropolis* überragt. Die Häuser schmiegen sich in die beiden Hafenbuchten der *Marina Lunga,* wo die Fährschiffe anlegen, und der *Ma-*

rina Corta, dem lebendigen Aliscafi-Hafen. Hinter der Marina Corta, mit dem vorgelagerten Kapelleninselchen, den Bars und Restaurants auf der Piazza, öffnen sich die schmalen Gassen, die hinauf auf die Akropolis und in die Altstadt führen. Dann folgen die neuen Straßenzüge mit geradlinigen Straßen, Gärten, den meisten Hotels und der Hauptstraße, der *Via Vittorio Emanuele.*

Umringt wird die Stadt von Hügeln mit Gärten und mühevoll terrassierten Feldern, die allerdings hier, wie noch stärker auf den anderen Inseln, mehr und mehr aufgegeben werden. Die Bauernhäuser sind weiße Kuben mit einem flachen Kuppeldach, in dem sich Regenwasser für die Zisternen sammelt und das im Sommer zum Trocknen von Getreide, Feigen und Nüssen dient. Vor dem Hauseingang befindet sich die Veranda, deren Schilfdach oder Pergola von runden Säulen aus Lavastein, heute oft auch aus Beton, getragen wird.

SEHENSWERTES

AKROPOLIS

Die heutige Gestalt der Akropolis, der Oberstadt mit Kirchen und Palästen, stammt aus barocker Zeit. Zuvor diente sie dank ihrer Lage auf dem schroffen Felsenberg vor allem dem Schutz der Bewohner. Die solide mittelalterliche Stadtmauer hatte nur ein Tor zur Oberstadt. Heute ist die autofreie Akropolis Museum. Zwischen den Kirchen sind rekonstruierte frühgeschichtliche Grabmale und Befestigungsmauern zu sehen.

NATIONALMUSEUM ★

Die Liparischen Inseln waren in der Antike und Vorgeschichte eine Drehscheibe des Mittelmeerhandels. Die reichen Funde aus dieser Zeit, wie Steinwerkzeuge, Keramiken und Grabbeigaben, sind in den Palästen der Akropolis ausgestellt. Angeschlossen ist eine Abteilung über Vulkanologie. *Tgl. 9–13 u. 15–19 Uhr (Mi u. Do bis 22 Uhr) | Eintritt 6 Euro*

ESSEN & TRINKEN

E'PULERA

Insider Tipp

Äolisches Inselhaus in einem wunderschönen Garten mit Jasmin und Steintischen. Inselküche und kreative Variationen der traditionellen sizilianischen Meeresküche werden hier zubereitet. *Mai–Okt. tgl. | Via Diana 51 | Tel. 09 09 81 11 58 |* €€

FILIPPINO

Hervorragende Inselküche, auf dem Platz unterhalb der Akropolis gele-

MARCO POLO HIGHLIGHTS

★ **Stromboli**
Ein Schauspiel: der 924 m hohe aktive Inselvulkan (Seite 93)

★ **Nationalmuseum**
Ein Rundgang durch Geschichte und Geologie in Lipari (Seite 89)

★ **Vulcano**
Blick vom rauchenden Krater und Bad im heißen Schwefelwasser (Seite 95)

★ **Punta Milazzese**
An der Südspitze von Panarea steht ein vorgeschichtliches Dorf (Seite 94)

gen. *Mo geschl.* | *Piazza Municipio* | *Tel. 09 09 81 10 02* | €€€

LE MACINE
Inselhaus im Garten auf der Hochebene im Dorf *Pianoconte* mit phantastischem Blick und Meeresküche. *Tgl.* | *Tel. 09 09 82 23 87* | €–€€

ÜBERNACHTEN

Insider Tipp
NERI
Ländliches Inselhaus, in den Gärten über der Stadt gelegen. Familiär und sauber. *9 Zi.* | *Via Marconi 43* | *Tel. 09 09 81 14 13* | *Fax 09 09 81 36 42* | *www.pensioneneri.it* | €€–€€€

ORIENTE
Die hundertjährige Villa steht in einem Garten mit Sonnenterrasse und ist nur fünf Gehminuten vom Zentrum entfernt. *32 Zi.* | *Via G. Marconi 35* | *Tel. 09 09 81 14 93* | *Fax 09 09 88 01 98* | *www.hotelorientelipari.com* | €€

VILLA MELIGUNIS
Im Stadtzentrum gelegenes Hotel, in vorbildlich restauriertem Palazzo, komfortabel eingerichtet. *32 Zi.* | *Via Marte 7* | *Tel. 09 09 81 24 26* | *Fax 09 09 88 01 49* | *www.villameligunis.it* | €€€

AM ABEND

MARINA CORTA
Der Platz vor dem Aliscafi-Hafen ist so etwas wie eine riesige Freiluftbar. Vor allem hier treffen sich auch die Einheimischen.

AUSKUNFT

Auskunft für alle Inseln bei *AAST: Via Vittorio Emanuele 202* | *Tel. 09 09 88 00 95* | *Fax 09 09 81 11 90* | *www.aasteolie.info*

Über Feigenkakteen und Ginster hinweg blickt man von Lipari nach Vulcano

ZIEL IN DER UMGEBUNG

INSELRUNDFAHRT [124 C2]
Die Insel lässt sich auf einer 33 km langen Rundfahrt mit dem Mietwagen erkunden. Die Ostküste bietet die einzigen vom Land aus erreichbaren Strände, die Westseite der Insel ist schroffer.

Canneto ist ein lang gestrecktes Fischerdorf mit Schotterstrand. Das gemächliche Leben spielt sich längs des Strandes und in den zwei flachen Häuserreihen längs der beiden parallel verlaufenden Straßen ab. Dahinter steigt gleich steil der alte Lavafluss der Forgia Vecchia auf, wo in der Vorzeit Obsidian abgebaut wurde. Vor den verlassenen Bimssteinwerken führt ein Fußweg zur *Spiaggia Bianca*, Liparis begehrtestem Strand.

Hinter Acquacalda steigt die Straße auf die Hochfläche zu den kleinen, sehenswerten Ackerbauerndörfern *Quattropani* und *Pianoconte,* von wo aus bequem der Monte Sant'Angelo (594 m) und das – geschlossene – Thermalbad *Terme di San Calogero* erreichbar sind.

Am *Belvedere* haben Sie einen viel fotografierten Blick auf die Nachbarinsel Vulcano, mit den Bergketten Nordsiziliens im Hintergrund, die bei klarem Wetter vom rauchenden Ätna überragt werden. Der Abstieg zu Fuß nach Lipari führt auf Feldstraßen und Wegen über das Dorf *San Bartolo al Monte,* dessen hübsche Kirche am Beginn des Wegs nach Lipari steht.

Von der Straße zweigt ein steiler Fußweg ins Valle Muria ab und führt zum schmalen Geröllstrand *Spiaggia Muria* mit in den Fels gemauerten Fischerhütten. An der Kirche von San Bartolo beginnt ein markierter Höhenweg, der zum Observatorium und zur Südspitze der Insel führt und dann hoch über Ostküste wieder zurück nach Lipari.

Insider Tipp

SALINA

[126 B–C2] Die drei Inseln im Westen liegen abseits der großen Touristenströme. Salina wird auch die „grüne Insel" genannt, wohl wegen der aktiven Landwirtschaft, deren Haupterzeugnisse der Malvasier, ein Süßwein, und Kapern sind.

ESSEN & TRINKEN

A' CANNATA

Am Strand von *Lingua,* dessen Leuchtturm die Südostspitze der Insel markiert, wird Meeresküche an langen Tischen in der Pineta serviert. Auch acht einfache Zimmer und neun Apartments in Lingua. *Tgl. | Tel. 09 09 84 31 61 | www.acannata.it* | €€

ÜBERNACHTEN

HOTEL ARIANA

Jugendstilvilla in *Rinella* an der Südküste, mit einer Terrasse auf flachen Klippen direkt über dem Meer. Restaurant *15 Zi. | Tel. 09 09 80 90 75 | Fax 09 09 80 92 50 | www.hotelariana.it* | €€–€€€

> LOW BUDGET

- Im Juni Kapern sammeln. Das tun auch viele Inselbewohner. Die Sträucher mit den schönen Blüten wachsen fast überall an Felsen und Mauern. Die Blütenknospen werden in grobes Meersalz eingelegt.
- Statt *aliscafo* oder Katamaran die Fähre nehmen, die Seereise dauert zwar doppelt so lang, kostet dafür aber weniger als die Hälfte.
- Camping *Baia Unci* am Strand von Canneto auf Lipari bietet neben der Übernachtung im Zelt acht preiswerte Bungalows und zehn Apartments. *Via Marina Garibaldi | Tel. 09 09 81 19 09 | www.baiaunci.com*
- *Camere Diana Brown:* gute Übernachtungsmöglichkeit in einer Seitengasse des zentralen Corso Vittorio Emanuele in Lipari. *12 Zi. | Tel. 09 09 81 25 84 u. 33 86 40 75 72 | www.dianabrown.it*

HOTEL SIGNUM

Die große Villa im Ortskern von *Malfa* wurde zum Viersternehotel ausgebaut; gute Küche. *30 Zi. | Tel. 09 09 84 42 22 | Fax 09 09 84 41 02 | www.hotelsignum.it* | €€€

STRÄNDE & SPORT

FOSSA DELLE FELCI [126 B–C2]

Von 0 auf 962 m. Der gut erkennbare, zum Teil markierte Wanderweg beginnt am Hafen *Santa Marina Salina* und führt als steiles Zickzack auf den längst erloschenen Vulkangipfel, den höchsten Gipfel der Äolischen Inseln mit Riesenpanorama, von dort Abstieg nach Leni und Rinella. In dem aus wenigen Würfelhäusern bestehenden *Pollara* (Insider Tipp) und in den in Felshöhlen gegrabenen Fischerwohnungen am winzigen Strand drehte Michael Radford 1994 den vielfach preisgekrönten Film „Il postino" (Der Postmann) mit Philippe Noiret als Pablo Neruda.

ZIELE IN DER UMGEBUNG

Alicudi und Filicudi, die beiden Inseln im Westen, haben sich stärker als die Nachbarinseln entvölkert. Die bescheidene Schaf- und Ziegenhaltung, Wein- und Getreideanbau lohnten nicht mehr, touristisch sind sie sehr schöne Mauerblümchen, wohl auch wegen der großen Distanz zu den Nachbarinseln, die Tagesausflüge erschwert.

ALICUDI [126 A1]

Die Insel steigt als perfekt geformter Vulkankegel aus dem Meer und ist eine Oase für Freunde absoluter Ruhe – es gibt gerade noch 40 Bewohner. Unterkunft und Essen finden Sie bei Familien oder im einzigen Hotel der Insel. Die Häuser, die meisten verlassen, stehen in Terrassenfeldern längs des Hauptwegs, der vom Hafen bis unter den 675 m hohen Gipfel führt.

Wenige Schritte vom Hafen Alicudi entfernt liegt das *Hotel Ericusa* mit 12 einfachen Zimmern; im Restaurant gibt's immer frischen Fisch. *(Mai–Sept. | Tel. 09 09 88 99 02 | www.alicudihotel.it | €€). Ca. 70 Min. von Salina mit dem Katamaran*

FILICUDI [126 A–B2]

Die Insel ist trocken, fast nur von hohem Gras und Rohr bewachsen, die meisten Terrassenfelder werden nicht mehr bestellt. Am Hafen *Filicudi Porto* beginnt ein langer, recht breiter Geröllstrand, der sich bis an die Steilküste des Capo Graziano hinzieht, wo oben auf der Bergspitze die Mauern von Rundhütten eines vorgeschichtlichen Dorfs stehen. Eine Straße führt auf die Hochebene mit Feldern und Häusergruppen zum Hauptort der Insel, *Pecorini,* und hinunter zum Hafen und Strand von Pecorini Mare. Der größte Teil der Küste mit Meeresgrotten, Klippen und Felsnadeln erschließt sich nur vom Boot aus.

Das Restaurant *Villa La Rosa* besitzt drei schöne Gästezimmer, und die Küche von Signora Adelaide gehört zum Besten auf den Inseln, neben Meeresgetier gibt es Kaninchen und eigenes Brot *(Via Rosa | Rocca Ciauli | Filicudi | Tel. 09 09 88 99 65 | www.villalarosa.it | €€)*. Sehr schön liegt das Hotel *La Canna* in Rocca Ciauli auf der Ebene über Filicudi Porto *(8 Zi. | Tel. 09 09 88 99 56 |*

Fax 09 09 88 99 66 | www.lacannahotel.it | €€). Ca. 35 Min. von Salina mit dem Katamaran

STROMBOLI

[127 D1] ★ **Abseits von den übrigen Inseln im Norden liegt diese Insel (350 Ew.) mit ihrem aktiven Vulkan, über dessen Gipfel immer eine dünne Rauchfahne schwebt.** Die wenigen Häuserwürfel von *Ginostra* im Süden sind Italiens abgeschiedenste Siedlung. Im Norden ziehen sich die Häuser längs der einzigen Straße hin; auf jeder Anhöhe steht eine Kirche mit weithin sichtbarer Fassade, Mittelpunkte für die drei Inseldörfer *San Vincenzo, Ficogrande* und *Piscità.*

Am Leuchtturm beginnt ein gepflasterter Weg durch hohes Schilf, der in einen unbefestigten Pfad übergeht mit einigen gefährlichen Stellen; er führt zum Gipfel. Wandergruppen brechen meist nachmittags auf, um vor Sonnenuntergang oben zu sein und das nächtliche Schauspiel der Glutgarben zu genießen, die in dichten Abständen aus dem Krater geschleudert werden. Die Begleitung durch Bergführer, die auch Schutzhelme stellen, ist vorgeschrieben; Taschenlampe und Ersatzbatterien, warme und winddichte Kleidung mitnehmen! Virtuelle Wanderungen im Internet: *www.swisseduc.ch/stromboli/volcano/virtual/index-de.html* Insider Tipp

ESSEN & TRINKEN

LA LAMPARA

Freiluftpizzeria mit großer Terrasse und original neapolitanischem Pizzabäcker. *Tgl. | Via Vittorio Emanuele | Ficogrande | Tel. 090 98 64 09 | €*

Schaurig-schönes nächtliches Spektakel: Lava ergießt sich über die Flanke des Stromboli

PUNTA LENA ✲

Feinste, leichte Inselküche, Terrasse mit Pergola und einem Superblick. *April–Okt. tgl. | Via Marina 8 | Tel. 090 98 62 04 |* €€€

ÜBERNACHTEN

Übernachten ist teuer. Wenn die Schiffe ankommen, stehen meist Vermieter von Privatzimmern am Anleger. Ganz einfache Quartiere kosten ab 25 Euro/Person in der Vor- und Nachsaison.

FRANCESCO AQUILONE

Kleine Pension nicht weit von Platz und Kirche in San Vincenzo, üppiger Zitronengarten, familiär, Essen wie beim Fischer. *5 Zi. | Via Vittorio Emanuele 29 | Tel. 090 98 60 80 | www.aquiloneresidence.it |* €–€€

LA SIRENETTA PARK HOTEL

1950 wohnten Ingrid Bergmann und das Filmteam von Roberto Rossellinis „Die Erde bebt" in der damals noch sehr bescheidenen Herberge. Heute besitzt die Anlage am Strand von Ficogrande 55 komfortable Zimmer. *April–Okt. | Tel. 090 98 60 25 | Fax 090 98 61 24 | www.lasirenetta.it |* €€€

STRÄNDE & SPORT

Den drei Dörfern an der Nordküste ist ein langer Strand mit Geröll, Kies und stellenweise auch tiefschwarzem Sand vorgelagert.

MAGMATREK

Kooperative von Vulkanführern (auch deutschsprachig). *Via Vittorio Emanuele | Tel./Fax 09 09 86 57 68 | www.magmatrek.it.* Im Sportladen *Totem (Piazza S. Vincenzo | Tel. 09 09 86 57 52)* gibt es entsprechende Ausrüstung, auch leihweise.

ZIEL IN DER UMGEBUNG

PANAREA **[126 C2]**

Panarea ist die kleinste und feinste der Inseln – besonders im Sommer drängeln sich dort VIPs und ihr Anhang aus Szene, Wirtschaft und Finanzwelt. Die Insel ist von zahlreichen Klippen und Inselchen umgeben, die als Rest eines eingestürzten Vulkans aus dem Meer ragen. Die drei Orte *Ditella, San Pietro*, wo sich der Hafen befindet, und *Drauto* gehen ineinander über, staffeln sich schön über der tiefschwarzen Klippenküste. Die Westküste ist unzugänglich, während an der Ostküste ein Weg, in Orten auch eine schmale Straße von den Fumarolen mit heißem Dampf im Norden bis zur ★ *Punta Milazzese* im Süden führt. Dort stehen auf dem Plateau der kleinen Halbinsel 20 m hoch über dem Meer die Hausmauern eines vorgeschichtlichen Rundhüttendorfs. Ein Weg führt in die traumhafte Felsenbucht *Cala Junco* mit den schönsten Farbreflexen, die kleine ihr vorgelagerte Insel und die Steilküste sind ein guter Platz zum Baden und Tauchen.

Großes Können in der Küche mit einfachen Zutaten erlebt man bei *Da Pina* mit Veranda und Garten *(7 Zi. | Via San Pietro 3 | Tel. 090 98 30 32 | Fax 090 98 31 47 | www.dapina.com | Essen* €€€ *| Zimmer* €€–€€€*)*. Das *Hycesia* und seine Meeresküche sind familiär und für Panarea-Verhältnisse erschwinglich *(März–Okt. | 8 Zi. | Tel. 090 98 30 41 | Fax 090 98 32 26 | www.hycesia.it | Essen* €€ *| Zimmer*

€€–€€€*).* Das Hotel *Raya,* eine Terrassenanlage mit Gärten, ist im Inselstil gebaut. Obwohl nur mit zwei Sternen dekoriert, zieht seine Einfachheit die Reichen magisch an. Mit Boutique und Freiluftdisko *(April bis Okt. 29 Zi. Tel. 090 98 30 13 | Fax 090 98 31 03 | www.hotelraya.it | €€€). 30–35 Min. von Stromboli mit dem Katamaran*

Da erwacht das Kind im Manne: Schlammbad am Strand von Vulcano

VULCANO

[126 C3] ★ **Die Bade- und Urlaubsinsel (450 Ew.) verdankt ihre Beliebtheit den beiden Strandbuchten *Porto Levante* und *Porto Ponente*, wo es neben Klippen sogar Sand gibt und heiße Fumarolen, die nicht nur an einigen Stellen das Meerwasser aufheizen, sondern mit dem Heißwasser- und Fangobecken des *Acqua del Bagno* einen frei zugänglichen Thermalbetrieb möglich machen.** Zum Hauptkrater, dem *Gran Cratere,* führt ein gekennzeichneter Wanderweg. Fahnen beißenden Schwefelrauchs zeigen an, dass er zwar ruht, aber im Inneren ein noch aktiver Vulkan ist, der wieder ausbrechen kann, wie es zuletzt 1888 geschah. Ins Innere der Insel, nach *Piano,* führt eine Straße in Panoramalage auf der Hochebene.

ESSEN & TRINKEN

DA MAURIZIO

Hier wird kreative Meeresküche serviert. In der Nähe des Hafens. *Tgl.* | *Tel. 09 09 84 24 26* | €€

MARIA TINDARA

Oben auf dem Berg in Piano, ganz traditionell mit Kaninchen, Lamm und hausgemachten Nudeln. *Tgl.* | *Tel. 09 09 85 30 04* | €€

ÜBERNACHTEN

GARDEN VULCANO

Ehemaliges Kapitänshaus mit einer reichen Sammlung von Erinnerungsstücken aus aller Welt. Gäste haben Gratiszugang zum Thermalpool der Terme di Vulcano. *36 Zi.* | *Porto Ponente* | *Tel. 09 09 85 21 06* | *Fax 09 09 85 22 01* | *www.hotelgardenvulcano.it* | €€–€€€

ROJAS BAHIA

Nicht weit vom Strand in Porto Levante. *April–Sept.* | *28 Zi.* | *Tel./Fax 09 09 85 20 80* | *www.hotelrojas.com* | €€–€€€

> ZU WEIN, WEIZEN, SALZ UND SCHWEFEL

Auf kleinen Straßen ein wenig bekanntes Sizilien kennenlernen

Die Touren sind auf dem hinteren Umschlag und im Reiseatlas grün markiert

1 VIA DEL SALE

Von Trapani führt auf Nebenstraßen längs der Küste die „Via del Sale", die „Salzstraße", nach Marsala. So präzise die Grenzen von Wasser und Land vom flach am Meer abbrechenden Kalkstein auch gesetzt werden, für das Auge gehen Himmel, Salinen, die Lagunen und die flachen Inseln mit ihren Pinienreihen und verlassenen Häusern ineinander über: eine Landschaft für Sehnsüchte. Aus der Ebene steigt der zerklüftete Felsklotz des Eryx ebenso unvermittelt auf wie die drei Inseln aus dem Meer, Favignana, Levanzo und Marettimo. Die Route ist zwar nur 55 km lang, doch um ausreichend Zeit für die Insel Mozia zu haben, sollten Sie einen ganzen Tag dafür freihalten und deshalb etwas fürs Picknick mitnehmen.

Der lange, heiße Sommer und die fast immer vorhandene Brise begünstigen die Industrie, die hier seit Jahr-

Bild: Mussomeli, Castello Manfredonico

AUSFLÜGE & TOUREN

hunderten im Einklang mit der Natur aus Wasser, Sonne, Wind und menschlicher Arbeit Salz gewinnt. Von 1960 an wurde eine Saline nach der anderen geschlossen, und die Windmühlen zerfielen. Als 1984 die Salzgärten Erdölraffinerien weichen sollten, engagierten sich Naturschützer für den Erhalt dieser einzigartigen Landschaft und die Wiederinbetriebnahme eines Teils der Salinen mit ihren Windmühlen. Heute wird etwa die Hälfte der früheren Fläche wieder bewirtschaftet. Zwei Anlagen beherbergen Museen, fünf Windmühlen wurden restauriert. Diese Mühlen trieben die Pumpen für die Salzsole an und die Mühlsteine zur Zerkleinerung der Salzbrocken.

Sie nehmen in **Trapani** *(S. 81)* die Nebenstrecke nach Marsala (Ausschilderung Richtung Flughafen/ Birgi, später auch „Via del Sale“). 5 km südlich von Trapani führt eine

Straße zur **Salina di Nubia**. Dort zeigt man im **Museo del Sale** *(tgl. 9.30–13.30 u. 15.30–18.30 Uhr | Eintritt 2 Euro)* den Ablauf der Salzgewinnung.

Zurück auf der Hauptstraße, folgen Sie ihr Richtung Marsala, bis Sie hinter dem Flughafen in die Straße nach **Birgi Novo** einbiegen, einem Dorf mit flachen Häusern inmitten von Weingärten. Man fährt dann auf einer schmalen Straße südwärts immer am Ufer der Lagune entlang, die zwischen 30 cm und 4 m tief ist, eine reiche Unterwasserflora besitzt und zahlreiche Wasservögel anzieht. Auf der Höhe der Insel Mozia befindet sich die größte der noch aktiven Salinen, Insider Tipp *Ettore Infersa (tgl. 9.30–13.30 u. 14.30–16.30 Uhr | Eintritt 3,50 Euro | www.salineettoreinfersa.com)*. Hier haben Sie Gelegenheit zur Besichtigung der Salzgärten, eines Museums und einer Mühle, und Sie können Salz kaufen. Davor fahren die Boote nach Mozia ab *(9 Uhr bis 2 Std. vor Sonnenuntergang | 4 Euro)*.

Mozia ★ ist mit Pinien, Palmen und Weingärten bestanden. Die Insel war bis zu ihrer Zerstörung durch die Griechen 397 v. Chr. eine befestigte phönizische Hafenstadt, von der noch beachtliche Reste zu sehen sind. Man kommt zu Fuß in zwei, drei Stunden einmal um die Insel herum. Im Süden sind Becken und Mauern des 2500 Jahre alten Hafens zu sehen, im Norden das Urnengräberfeld mit roh gearbeiteten Grabsteinen, den *Tophet,* und der Ausgrabungsbezirk **Cappiddazzu**, ein monumentaler Tempel der Tanit, neben Baal Hauptgottheit Karthagos, das die Insel zum Stützpunkt ausbaute.

In der Villa des englischen Weinmagnaten Joseph Whitaker ist heute das **Museum** mit Funden aus der punischen Vergangenheit von Mozia und Marsala untergebracht. Sein Glanzstück ist eine lebensgroße Marmorfigur: der *Ephebe von Mozia,* eine griechische Arbeit aus dem 5. Jh. v. Chr., die einen Jüngling mit reich gefälteltem Gewand darstellt. *(Museum und archäologische Zonen tgl. 9–15, März–Sept. bis 19 Uhr | Eintritt 6 Euro)*. Die Straße nach **Marsala** *(S. 77)* folgt weiter der Küste mit Fischersiedlungen und Ferienhäusern.

Traditionelle Salzgewinnung in den Salinen bei Trapani

2 WEIZENFELDER UND SCHWEFELMINEN

Die Region um Caltanissetta war zwischen 1720 und 1920 ein Industriegebiet. Rund 80 Prozent des Schwefels weltweit wurden hier gefördert, als Rohstoff für Schießpulver und die Chemieindustrie

AUSFLÜGE & TOUREN

Sanft geschwungene Hügellandschaft bei Enna

war er unentbehrlich. Heute sind die endlosen Hügel- und Bergketten wieder Weizenland, wie sie es in der Antike waren, als Innersizilien die Kornkammer der Römer war. Die Route, für die Sie mindestens einen Tag einplanen sollten, führt in 200 km von Enna, dem „Nabel Siziliens", über Caltanissetta nach Agrigent, meist auf wenig befahrenen Nebenstraßen.

Die Staatsstraße Nr. 121 führt von **Enna** *(S. 49)* in das weite Tal des *Fiume Salso.* Die Autostrada windet sich hier auf bis zu 10 km langen Brücken durch die Landschaft. In **Villarosa** gibt es in der *Trattoria La Littorina (€)* am Bahnhof handfeste Kost. Insider Tipp

Das Altstadtviertel des ehemaligen Bergbauzentrums **Caltanissetta** erinnert mit seinen Marktständen, Garküchen und engen Gassen ein wenig an orientalische Basare. Interessant essen können Sie im **Vicolo Duomo** *(Mo geschl. | Vicolo Niviera 1 | €)* in der Altstadt. Zum Übernachten empfiehlt sich das auch in der Altstadt gelegene **Hotel Plaza** *(21 Zi. | Via Gaetani 5 | Tel./Fax 09 34 58 38 77 | www.hotelplazacaltanissetta.it | €€).*

Über San Cataldo gelangen Sie nach **Mussomeli**. 2 km vor dem Ort erhebt sich das **Castello Manfredonico** aus dem 12. Jh. in unangreifbarer Lage auf einer Felsspitze. Von hier oben kann man bei klarem Wetter den größten Teil Siziliens sehen.

Casteltermini und **San Biagio** sind Kleinstädte am Fuß der wald- und quellenreichen Monti Sicani, in denen Sie einen Abstecher zur **Wallfahrtskirche der Santa Rosalia di Quisquina** machen können, wo im 12. Jh. die Schutzpatronin Palermos als Einsiedlerin in einer Höhle lebte. Auf dem 1578 m hohen Monte Cammarata genießt man im **Rifugio** *(tgl. | €)* bei Pasta, Lamm und Zicklein den Blick zum Ätna und zum Meer.

Von hier fahren Sie weiter nach **San Angelo Muxaro**, einer Kleinstadt in kühner Lage auf einem Bergplateau. Unterhalb des Orts führt ein markierter Fußweg von der Straße zu **Felsgräbern** aus vorgriechischer Zeit. Vom ca. 15 km entfernten **Aragona** aus kommen Sie zu den *Vulcanelli di Macalube.* Insider Tipp Das sind Schlammkrater, die von aufsteigenden Gasen aus dem Erdinneren Blasen schlagen und in der Antike als ein Zugang in die Unterwelt oder als verhexter Platz galten. Information und Führung bietet die **Riserva Naturale Macalube** *(Aragona | Via Salvatore La Rosa | Tel./Fax 09 22 69 92 10).* Von Aragona sind es auf direktem Weg dann noch 15 km bis nach **Agrigent** *(S. 73).*

EIN TAG AUF SIZILIEN

Action pur und einmalige Erlebnisse.
Gehen Sie auf Tour mit unserem Szene-Scout

NATURAL ENERGIZER

7:00

Bauernbrot, Mortadella, Käse und Oliven vom Hain nebenan: In den Gaststuben der *Agrituri* liest sich die Karte wie italienische Poesie! Und weil Öko-Erzeugnisse gesund sind: zugreifen und auch Obstkuchen und frischen Ricotta testen! **WO?** *z.B. Agriturismo Settesoldi in Salemi, Contrada Settesoldi 111 | Tel. 09 24 98 20 11 | weitere Agrituri: www.agriturismo.net*

8:00

MYTHS OF THE PAST

Frisch gestärkt geht's ins Auto und los zu den historischen Stätten von Partanna: auf die Knie und vorsichtig buddeln. Unter Anleitung von Archäologen nimmt man an Ausgrabungen teil. Spannung und Indiana-Jones-Feeling gibt es inklusive. **WO?** *Archeoclub Partanna | Ausgrabungscamps in Zusammenarbeit mit dem Denkmalschutzamt in Trapani, Via Colicchi 8 | www.archeoclubitalia.it*

WELLEN-ACTION

11:00

Etwa 30 Autominuten später wartet das Kite-Paradies! Bei Mazara del Vallo in Kartibubbo schnappt man sich Brett und einen Lenkdrachen und kämpft gegen Wind und Wellen. Hier kommen Könner und absolute Beginners bei wechselnden Windstärken auf ihre Kosten. Für Wasserscheue: Es macht auch Spaß, den Kite-Surfern zuzusehen. **WO?** *Torretta-Granitola Surfcenter u. FeWo | Thomas Corsodoro | Handy: 0039 33 33 94 84 99 | www.puzziteddu.it*

13:00

EINTAUCHEN IN EINE ANDERE WELT

Phantasie und Kreativität sind jetzt gefragt, denn beim Teppichknüpfen in der tunesisch–italienischen Cooperative *AMAL* darf man selbst ran. Beim Herstellen des ersten eigenen Teppichs steht einem der Meister zur Seite. Zwischendurch trinkt man arabischen Minztee und lässt sich vom Geruch exotischer Gewürze inspirieren. Die magische Atmosphäre des fremden Kontinents verzaubert, und der Teppich mit arabischen Mustern ist ein Souvenir für immer! **WO?** *Via Pescatori 10 | Mazara del Vallo | Tel. 09 23 94 77 09*

24 h

ROBINSONADE

14:30

Ein ganze Insel nur für sich – da fühlt man sich wie Robinson und Freitag in einer Person. Ein Traum, der auf Mozia wahr wird. Um dorthin zu gelangen, muss man allerdings seinen ganzen Charme spielen lassen. Da es keine offizielle Fähre dorthin gibt, ist bezirzen angesagt: Einige Fischer fahren gegen nette Worte und ein kleines Fährgeld hinüber. Tipp: Schinken, Käse und Brot zum Picknicken mitnehmen. **WO?** *Bei den Salinen zwischen Trapani und Marsala, rund 30 km von Marsala entfernt*

16:00

QUAD THE ISLAND

Runter von der Insel, rein in die Action: Knapp eine Autostunde entfernt, in Aspra bei Palermo, steigt man auf ein Quad zur Landschaftserkundung. Einfach losdüsen – es gibt viel zu sehen! Route und Dauer der von einem Guide geleiteten Tour kann man selbst bestimmen. Die einzige Vorgabe: Rücksicht auf die Natur. **WO?** *Via F. Perez 85a | Tel. 091 92 81 07 | www.abenteuer-sizilien.de*

ESSEN AUF RÄDERN

19:00

Weil der Trip über die Straßen so schön ist: Der Snack zwischendurch wartet wenige Kilometer weiter in Palermo auf der *Corso dei Mille* – mitten auf der Fahrbahn! Aufpassen, dass man nicht einen Grillstand umnietet. Die stehen hier nämlich auf dem Mittelstreifen! Darauf brutzeln Steaks, Baby-Kalmare oder Hähnchen. Selten so abgefahren gegessen! **WO?** *Corso dei Mille, geht in die SS113 über*

22:00

FUN AT NIGHT

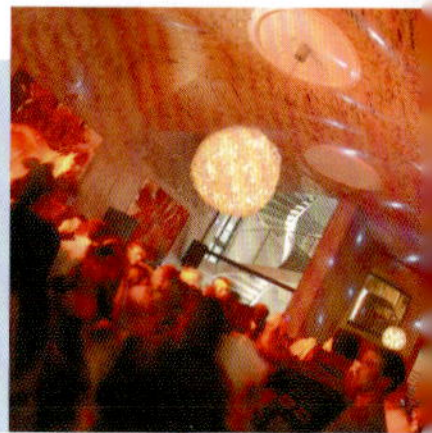

Eintauchen in den coolsten Club Palermos: Bei Weihrauch-Aroma und fetzigen Beats tanzt man im *Tina Pica* in einer ehemaligen Kirche. Doppelter Fun-Faktor: Auf einer Etage ist der Dancefloor – auf der anderen *Mood*, eine Pizzeria. Ideal für einen Midnight-Snack gegen vorzeitige Müdigkeit! **WO?** *Via Giovanni Meli | Tel. 09 16 12 39 34 | www.tinapica.it*

> VON MOUNTAINBIKING BIS PARAGLIDING

An Land, zu Wasser und in der Luft: die besten Plätze für Ihren Lieblingssport

> Über 1000 km Meeresküste besitzt Sizilien, bis auf kurze Abschnitte vor den Großstädten sind sie einladend sauber. Wassersport wie Schnorcheln und Tauchen, Segeln und Surfen ist rund um die Insel möglich. Aber auch auf festem Boden kommen vor allem Wanderer, Mountainbiker und Reiter auf ihre Kosten.

GOLF

Zwei landschaftlich sehr schöne 18-Loch-Plätze wurden mit viel Rücksicht im alten Baumbestand zweier Landgüter angelegt. Am Nordhang des Ätna auf 650 m der *Picciolo Golf Club* mit einem Gästehaus (€€–€€€), dessen Grüns zwischen Eichen, Haselnussbäumen und Reben liegen *(Castiglione di Sicilia | Tel./Fax 09 42 98 62 52 | www.ilpicciolo golf.com)*. Über der Küste zwischen Cefalù und Termini Imerese liegt in Orangen- und Olivenhainen der *Le Madonie Golf Club | Collesano | Tel.*

SPORT & AKTIVITÄTEN

09 21 93 43 87 | Fax 09 21 93 41 99 | *www.lemadoniegolf.com*

MOUNTAINBIKING

Fast überall möglich und auch bei Sizilianern beliebt ist Mountainbiking auf wenig befahrenen Nebenstraßen, Feldwegen und Forstpisten. Ätna, Madonie, Nebrodi und die Peloritani-Berge im Nordosten fordern mit Höhenunterschieden heraus, die oft weit über 1000 m gehen. Weniger anstrengend ist es längs der Südküste, im Westen und auf den Kalkebenen von Syrakus und Ragusa.

Eine schöne Tour führt über die *Kammstraße der Monti Peloritani* Insider Tipp mit Blick auf die Nordspitze Siziliens, die Meerenge, die Berge Kalabriens und den Ätna, die Äolischen Inseln, das Tyrrhenische und Ionische Meer. Ausgangspunkt ist *Messina* an der *Portella di Rizzo* (466 m), dann immer auf dem Kamm (1100 bis 1200 m) zur *Portella Mandrazzi* (1125 m), von dort in Kurven und Serpentinen nach *Castroreale/Milazzo* oder *Taormina*. Von Messina bis Taormina 95 km. Gute, aktuelle Infos unter *www.sizilien-rad.de*

PARAGLIDING

Insider Tipp Mit dem Gleitschirm fliegen *(parapendio)* können Sie auf Sizilien von den hohen Bergketten im Norden, besonders in den Nebrodi und im Hinterland von Palermo (Piana degli Albanesi, San Cipirello und Gibilrossa). *Accademia Siciliana Volo Libero | Via degli Astronauti 14 | Altofonte | Tel./Fax 09 16 64 05 35 | www.asvl.it*

REITEN

Reiten, zum Teil als geführte Tagesexkursion, zum Teil auch als Mehrtagetreck ist besonders in der Madonie beliebt. Viele Agriturismo-Bauernhöfe bieten Reiten an. Reiten in der Madonie: *Azienda Agrituristica Monaco di Mezzo | Petralia Sottana | Tel. 09 34 67 39 49 | www.monacodimezzo.com*

SEGELN

Segeln ist top zwischen Tropea (Kalabrien), den Äolischen Inseln und der Nordküste von Tindari bis Cefalù. Oder die Fahrt durch die Meerenge von Messina, den *Stretto*, der mit seinen Untiefen, wechselnden Strömungen, plötzlichen Windböen und schließlich dem intensiven Schiffsverkehr ein sehr anspruchsvolles Revier ist, das am Ätna entlang die reizvolle Ostküste mit zahlreichen kleinen Fischerhäfen bis Catania umfasst.

TAUCHEN

Ideale Bedingungen finden Taucher und Schnorchler über felsigem Grund. Den gibt es vor allem an der Nordküste, der Ostküste im Bereich des Ätna und bei Bucheri nördlich von Augusta. Die mit Abstand besten Tauchreviere stellen die kleinen Inseln dar, an erster Stelle Ustica und das vor der afrikanischen Küste gelegene Lampedusa, aber fast ebenso schön sind die Tauchgründe der Ägadischen und der Äolischen Inseln. Auf allen Inseln gibt es für Unterwassersportler eine sehr gute Infrastruktur (Tauchkurse, Verleih von Ausrüstung, Druckflaschenservice, Dekompressionskammern).

Tauchen um die Insel *Ustica* (Fähre und Tragflügelboot ab Palermo): Die Gewässer sind Meeres-Naturschutzgebiet und gelten bei italienischen Tauchern als absoluter Superlativ; im Sommer überlaufen, sonst ausreichend Privatquartiere. Info: *Riserva Marina di Ustica | Tel. 09 18 44 90 45 und 09 18 44 94 56 (Touristbüro) | www.ustica.it*

WANDERN

Die Berge, die einsamen Hochplateaus und die besonders im Südosten beeindruckenden Schluchten werden zum Wandern bisher vorwiegend von den Einheimischen besucht. Viele der Wanderwege sind die heute außer Gebrauch gekommenen *trazzeri*, die alten Viehwege. Wanderkarten und Wegmarkierungen gibt es bisher wenig, doch in den drei großen Naturparks Ätna, Madonie und Nebrodi können Sie sich gut orientieren und finden Wege aller Schwierigkeitsgrade. Das Begehen der Schluchten, die oftmals das ganze Jahr über Wasser führen, erfordert vielfach bergsteigerische Erfahrung und Ausrüstung. Geführte Wanderungen in den Naturschutzgebieten finden überwiegend an den Wochenenden statt.

Cava d'Ispica: 10 km lange Schlucht, an deren Ausgängen Sie

Höhlenforschung „light" in der Schlucht von Alcantara

Höhlen besichtigen können. Geführte Touren ab dem *Besucherzentrum Ispica* am Eingang der Schlucht | *www.cavadispica.it*.

Parco Regionale delle Madonie | Petralia Sottana | Corso Pietro Agliata 16 | Tel. 09 21 68 40 11 | Fax 09 21 68 04 78 | www.parcodellemadonie.it

Parco Regionale dei Nebrodi | Caronia | Via Orlando 126 | Tel. 09 21 33 32 11 | Fax 09 21 33 32 30 | www.parcodeinebrodi.it

Parco Regionale dell'Etna | Nicolosi | Tel. 095 82 11 11 | Fax 095 91 47 38 | www.prg.it/parcodelletna

Wandern im Web: *www.recolapesce.it* u. a. mit Tourbeschreibungen fürs Canyoning („Torrentismo")

WINDSURFEN

Die besten Surfspots gibt es an der West- und Südküste, denn dort weht fast immer ausreichend Wind: San Vito Lo Capo, Favignana, Torre Granitola und Triscina bei Selinunt, Torre di Gaffe bei Licata und Capo Passero im Südosten. An der Nordküste ist Capo Orlando Surfertreff.

WINTERSPORT

Die beiden Wintersportgebiete sind der Ätna und die Madonie, wo sich an wenigen Stellen Hotels, Lifte, Skischulen und Abfahrtspisten dicht an dicht befinden und an schönen Winterwochenenden viel Betrieb herrscht, vor allem in den schneesicheren Monaten Januar bis März. Am Ätna ist das wichtigste Wintersportzentrum *Etna Sud* oberhalb von Nicolosi auf 1800 m Höhe, wo trotz der jüngsten Vulkanausbrüche Pisten, Seilbahnen und Unterkünfte vorhanden sind. In der Madonie konzentriert sich fast alles auf *Piano Battaglia* (1650 m). Ideal zum Langlauf sind die Höhenwege in den Nebrodi- und Madonie-Bergen (zum Teil als Wanderwege und als Fernwanderweg *Sentiero Italia* markiert).

> SPASS FÜR DIE GANZE FAMILIE

Bootfahren, Eisenbahnklettern, Höhlenforschen, Puppentheater: kein schlechtes Angebot, oder?

> Allen Italienern geht das Herz auf, wenn sie Kinder sehen. Für die *bambini* machen sie alles, auch wenn es nicht die eigenen sind. Und die Eltern werden gleich in diese offen gezeigte Sympathie mit einbezogen, am Strand, im Hotel, eigentlich überall.
Für Kinder kann Sizilien großartige Ferienerlebnisse bieten, weit mehr als nur Strand, Sonne und Eisdiele, auch wenn es auf den ersten Blick nicht das ideale Reiseziel für Kinder ist. Die endlos langen Korridore und vollen Vitrinen der Museen, die quadratkilometergroßen Ausgrabungen unter der prallen Sonne, Kirchen, Klöster und Paläste an jeder Ecke und fast immer mit Sternen der Kunsthistoriker geschmückt, schließlich die langen Entfernungen mit unendlich vielen Kurven auf schattenlosen Straßen: Das ist nicht nur für Kinder ziemlicher Reisestress.

Bis auf den Lunapark mit Karussell und Ständen mit grellbuntem

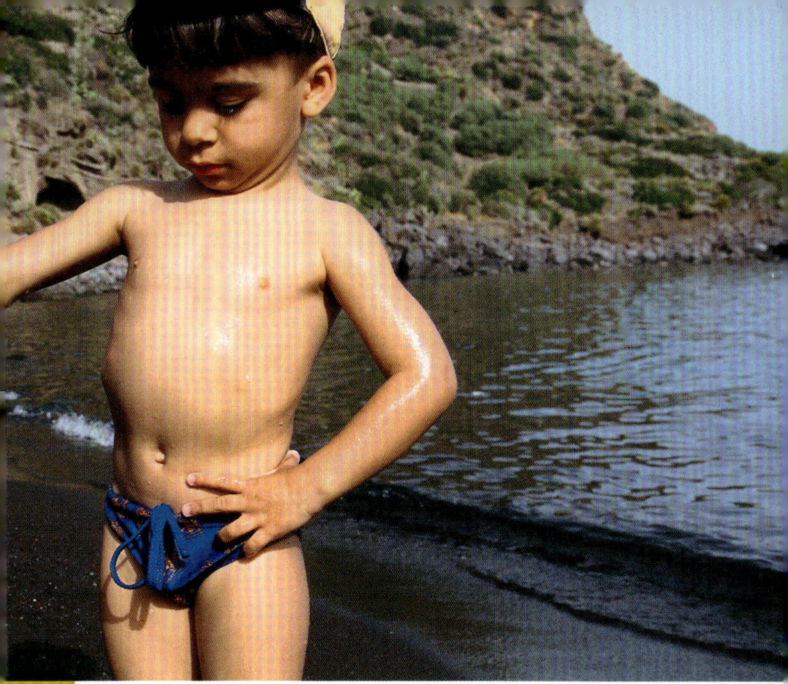

MIT KINDERN REISEN

Plastikspielzeug, den es im Sommer in den meisten Ferienorten am Meer gibt, tut sich in Kinderbeglückung wenig, schon gar nicht Angebote mit dem Gütesiegel „pädagogisch besonders wertvoll“. Ergreifen Sie selbst die Initiative!

Oder machen Sie Clubferien mit deutschen Veranstaltern. Dort gibt es Animation und Betreuung speziell für Kinder in ihrer Sprache, wenig Reisestress und eine vertraute Umgebung, in der sich die Eltern auch mal für eigene Programme absetzen können. Machen Sie es ansonsten wie die Sizilianer: die kühlen Morgenstunden nützen, dann sich und den Kindern eine lange Siesta mit einem mehr oder weniger langen Schläfchen gönnen, am Abend ist es wieder kühler, man lebt wieder auf.

Im Restaurant werden in Italien auch fünfjährige Kinder als normale Esser angesehen, die dann in jedem

Gang etwas rumstochern. Wenn Ihr Kind einen Teller Spaghetti oder einen Fisch und sonst nichts haben möchte, erklären Sie das dem Kellner. Der wird es verstehen und auch akzeptieren.

Machen Sie öfter ein Picknick, wie das die Sizilianer auch machen, am besten am Wochenende, wenn richtig Leben herrscht. In den Waldgebirgen gibt es jede Menge Picknickplätze, meist mit gefassten Quellen, in deren eiskaltem Wasser die Kinder Melonen und Getränke kühlen können.

Flache Strände mit feinem, weichem Sand, an denen Kinder gefahrlos baden und plantschen, buddeln und bauen können, gibt es nicht überall auf Sizilien. Das längste Sandband beginnt südlich von Syrakus und begleitet dann für fast 300 km bis auf kurze felsige Abschnitte die ganze Südküste bis Selinunt. Den weichsten und feinsten Sand gibt es in *Fontane Bianche* bei Syrakus und an der *Marina di Noto*; südlich von Ragusa gibt es die breiten Dünenstrände von *Pozzallo, Sampieri, Donnalucata* und *Scoglitti*, bei *Falconara* westlich von Gela, in *San Leone* (Agrigent) mit vielen Lidobetrieben, um *Siculiana Marina*, in *Eraclea Minoa*, um die Mündung des *Fiume Platani* südöstlich von Sciacca, *Porto Palo di Menfi* und *Marinella* bei Selinunt. Im Norden und Osten sind es kurze Abschnitte, an denen das Wasser allerdings oft schnell tief wird, z. B. *San Vito Lo Capo (Ortsstrand)*, *Mondello* bei Palermo mit sauberem Wasser und fast mehlfeinem Sand, *Cefalù (Stadtstrand)*, *Capo Orlando*, die Küste zwischen Tindari und Milazzo, *Letoianni, Giardini-Naxos* mit den südlich anschließenden, sehr kindergeeigneten, aber oft überfüllten Stränden von *San Marco* und *Fondachello*, schließlich noch die Ebene südlich von Catania mit zahlreichen Lidobetrieben und Strandsiedlungen. Die Inseln um Sizilien herum haben kindergeeignete Strände nur an wenigen Stellen.

DER NORDOSTEN

GOLA ALCANTARA **[127 D5]**

Mit nackten Füßen oder Gummistiefeln durch den Fluss in der Basaltschlucht waten – Badegumpen und kleine Strudel. Gummistiefel können ausgeliehen werden, Treppe und Fahrstuhl zum Fluss. *An der Straße Taormina–Randazzo*

DER SÜDOSTEN

BUSCEMI – DIE ALTEN HANDWERKE **[129 D4]** Insider Tipp

Der ganze Ort ist mit seinem Rundgang zu alten Handwerksberufen Museum und Werkstatt zugleich. *Museo della Civiltà Contadina | tgl. 9–13 Uhr | www.museobuscemi.org | Führung (2 Std.) 5 Euro | Kinder bis 6 J. frei, 6–18 J. 2,50 Euro*

EISENBAHNFAHRT **[128–129 A–E4]**

Von Syrakus nach Vittoria klettert der Linienzug mehrmals täglich in 3–4 Stunden toller als jede Museumsbahn in riesigen Kurven und Schleifen vom Meer hinauf auf die Hochebene von Ragusa und dann wieder hinunter ans Meer, durchfährt dabei einige tiefe Schluchten und überquert sie auf atemberaubend hohen Viadukten. *Fahrpreis 8 Euro, Kinder bis 12 Jahre 4 Euro*

MIT KINDERN REISEN

DIE NORDKÜSTE

Insider Tipp

HÖHLENWOHNUNGEN UND BURG SPERLINGA [125 F3]

Einige der Wohnhöhlen unter dieser Burg bei Nicosia sind sogar noch bewohnt oder Stall, zum Teil frei zugänglich. *Führungen* in der Burg mit einem Museum der Höhlenwohnungen *tgl. 9–13 u. 14–17 Uhr | Info: Pro Loco an der Piazza Crispi | Tel. 09 35 64 30 25 | Eintritt 2 Euro | Kinder 1 Euro*

LABYRINTH DER FIUMARA D´ARTE [125 E2]

Dieses moderne Labyrinth, bei dem das Suchen bis zur Mitte und wieder zum Ausgang nicht besonders schwierig ist, liegt auf einer Bergspitze nahe Castel di Lucio bei Castel di Tusa. *Info: Hotel Atelier sul Mare | Castel di Tusa | Tel. 09 21 33 42 95 | www.ateliersulmare.it | Eintritt frei*

MARIONETTENTHEATER IN MONREALE [124 B1]

Munna | Cortile Manin 15 | Tel. 09 16 40 45 42 und *Sanicola | Via D'Acquisto 33 | Tel. 09 16 40 94 41*

MARIONETTENTHEATER IN PALERMO [124 B1]

Mimmo Cuticchio | Via Bara 52 | Tel. 091 32 34 00 und *Teatro Ippogrifo | Vicolo Ragusi 4 | Tel. 091 32 91 94* und das Theater im *Museo Internazionale delle Marionette | Piazzetta Niscemi 5 | Tel. 091 32 80 60*

In den Marionettentheatern *(teatri dei pupi)* kommen neben Epen wie denen von König Artus oder El Cid vor allem die sizilianischen Ritterromane mit den Kämpfen der Paladine Karls des Großen gegen die Sarazenen und ihr Werben um die schöne Genoveva wortreich und mit viel Schwertgeklapper auf die Bühne.

Nur Fliegen ist schöner: Gleich hebt sie ab, die kleine Strandfee

> VON ANREISE BIS ZOLL

Urlaub von Anfang bis Ende: die wichtigsten Adressen und Informationen für Ihre Sizilienreise

ANREISE

AUTO

Die lange Autobahnfahrt den Stiefel hinunter ist zeitraubend, weil bis ca. 2010 die Autobahn Salerno–Reggio di Calabria Baustelle ist, zum Teil mit Totalsperrungen und Umleitungen über schmale, kurvenreiche Gebirgsstraßen. Alternative sind die Autofähren Genua/Livorno–Palermo und Neapel–Palermo. Preise, Fahrpläne und Reservierung im Web unter *www.traghetti.com*

BAHN

Mit der Bahn dauert es von München oder Basel runde 20 Stunden mit Umsteigen in Mailand oder Rom. Direktzüge oder Kurswagen gibt es nicht, Zuschläge für Schlafwagen und IC können die Bahnfahrt teurer als den Flug werden lassen. *www.trenitalia.it, www.bahn.de*

FLUGZEUG

Ohne Umsteigen gibt es ganzjährig Charterflüge von deutschen Flughäfen nach Sizilien, zwischen Mai und Oktober täglich von allen großen deutschen Flughäfen nach Catania. Viel billiger als Lufthansa und Alitalia fliegt u. a. TUIfly *(www.tuifly.com)* nach Palermo und Catania. Meist einmal am Tag, nicht immer zu bequemen Zeiten. Vom Flughafen Catania gibt es Direktbusse nach

PRAKTISCHE HINWEISE

Messina, Taormina, Ragusa, Enna, Cefalù, Agrigent und Syrakus, vom Flughafen Palermo nach Trapani.

AUSKUNFT

STAATLICHES ITALIENISCHES FREMDENVERKEHRSAMT (ENIT)

– Kaiserstr. 65 | 60329 Frankfurt | Tel. 069/23 74 34 | Fax 23 28 94 | enit.ffm@t-online.de | www.enit.de
– Kärntnerring 4 | 1010 Wien | Tel. 01/505 16 39 12 | Fax 505 02 48 | info@enit.at | www.enit.at
– Uraniastr. 32 | 8001 Zürich | Tel. 04 34 66 40 40 | Fax 04 34 66 40 41 | info@enit.ch | www.enit.ch

ASSESSORATO REGIONALE TURISMO

Via E. Notarbartolo 9 | Palermo | Tel. 09 17 07 82 01 | www.regione.sicilia.it/turismo

AUTO

Die erlaubte Höchstgeschwindigkeit beträgt in Ortschaften 50 km/h, auf Landstraßen 90 km/h, auf vierspurigen Schnellstraßen 110 km/h, auf Autobahnen 130 km/h (bei Regen 110 km/h), bei dichtem Nebel auch auf Autobahnen 50 km/h. Anschnallpflicht besteht auf den Vordersitzen. Auch am Tag müssen Sie mit Licht fahren, und zwar außerhalb von Ortschaften. Eine Warnweste in Leuchtfarben muss mitgeführt werden. Die Promillegrenze beträgt 0,5. Die grüne Versicherungskarte wird empfohlen.

CAMPING

Es gibt auf Sizilien und den kleinen vorgelagerten Inseln etwa 100 Campingplätze, die fast ausnahmslos am Meer liegen. Sie sind meistens zwischen Ostern und Ende Oktober geöffnet. Infos unter www.camping.it

> WAS KOSTET WIE VIEL?

> **TOMATEN**	**1–2 EURO** für ein kg im Sommer
> **KAFFEE**	**AB 70 CENT** für eine Tasse Espresso
> **WASSER**	**50 CENT** für ein Glas Mineralwasser
> **WEIN**	**2–3 EURO** für eine Karaffe Wein (0,25 l)
> **BENZIN**	**1,50 EURO** für 1 l Super
> **SNACK**	**1–1,50 EURO** für ein Stück Pizza auf die Hand

DIPLOMATISCHE VERTRETUNGEN

DEUTSCHE KONSULATE

– Viale Francesco Scaduto 2/D | Palermo | Tel. 09 16 25 46 60 und 091 34 25 75 | Fax 091 34 70 34
– Via S. Sebastiano 13 | Messina | Tel./Fax 090 67 17 80

ÖSTERREICHISCHES KONSULAT
Via Leonardo Da Vinci 145 | Palermo | Tel. 09 16 82 56 96

SCHWEIZER KONSULAT
Via Barnaba Oriani 61 | Roma | Tel. 06 80 95 71 | Fax 068 08 08 71

EINREISE

Für EU-Bürger reicht ein gültiger Personalausweis, der an der Grenze und am Flughafen nur noch selten vorgezeigt werden muss, dafür aber bei jeder Anmeldung im Hotel und auf Campingplätzen.

EINTRITT

Für die meisten Museen und Ausgrabungsstätten werden 3–6 Euro verlangt, EU-Bürger unter 18 und über 65 Jahre zahlen nichts, Jugendliche zwischen 18 und 25 Jahren bekommen 25–50 Prozent Ermäßigung. In vielen kleinen Museen ist der Eintritt gratis. Kustoden, die Kirchen und Paläste öffnen, bekommen 1–5 Euro Trinkgeld.

FKK

Oben ohne ist nicht verboten, wird aber von den meisten Sizilianern als anstößig empfunden. Ganz ohne lockt die Polizei an und provoziert Aggressionen von Einheimischen.

GESUNDHEIT

Die Europäische Krankenversicherungskarte (EHIC) der deutschen Krankenkassen müssen Sie vor einer Behandlung in Italien der örtlichen Krankenversicherung (USL) vorlegen. Die Notfallbehandlung in öffentlichen Krankenhäusern ist gratis. Eine Urlaubskrankenversicherung hilft, der oft komplizierten Bürokratie des öffentlichen Gesundheitsdiensts und Wartezeiten aus dem Weg zu gehen. Infos im Internet unter *www.fit-for-travel.de*

HOTELS

Die Klassifizierung nach Sternen (von einem für sehr einfach bis zu fünf für Luxus) vermittelt nur ein ungefähres Bild über Ausstattung und Preise. Bei den Fremdenverkehrsämtern gibt es kostenlos Verzeichnisse mit detaillierteren Beschreibungen von Hotels und Campingplätzen, von Privatvermietern und Agriturismo-Bauernhöfen. Die Übernachtungspreise müssen im Zimmer oder am Empfang ausgehängt sein. Hotel-Suchmaschine: *www.regione.sicilia.it/turismo/web_turismo/sicilia/de/ricettivita/index.html*

INTERNET

Surfen kann lohnen, auch wenn das Web in Sizilien noch sehr weitmaschig ist. Hotels der gehobenen Klasse, Agriturismo-Höfe, Reisebüros, Umweltinitiativen und Naturparks sind fast immer präsent. Die wichtigen Touristinformationsstellen haben gut gefüllte, nicht immer topaktuelle Seiten, die zu den klassischen Reisezielen und Ausflügen viel Information geben. Viele Themen und Links finden Sie unter *www.italien.info*, *www.italianita.de*, *www.sicilia.indettaglio.it*, *www.siciliano.it*, *http://de.wikipedia.org/wiki/Portal:Sizilien*. Umwelt, Naturschutz und die Naturparks: *www.parks.it*. Alles zu aktiven Vulkanen (mit Webcam von Ätna und Stromboli): *www.swisseduc.ch/stromboli/index-de.html*. Ein virtueller Reiseführer ist *www.italien-inseln.de,* den die Datenbank *www.regione.sicilia.it/turismo/web_turismo/sicilia/index.htm* ergänzt. Reisetagebücher sind vielfach persönliche Anregungen, die auf neue Plätze und Erfahrungen neugierig machen: *www.michaelkral.de, www.obadoba.de/chronik/2002/lipari/, www.reisejournalistin.de/sizilien.htm.* Aktuelles zur Szene und zu Events in Catania und Palermo: *www.anidride.com, www.balarm.it.* Wer sich für die Qualität seines Badewassers interessiert, wird auf den Sites der EU (weniger streng) *http://ec.europa.eu/water/cgi-bin/bw.pl* und des italienischen Gesundheitsministeriums fündig: *www.ministerosalute.it/balneazione/balneazione.jsp.* Mafia aktuell und Hintergrund: *www.bornpower.de/mafia/ita-corleone.htm*, *www.antimafiaduemila.com*, *www.addiopizzo.org*

INTERNETCAFÉS & W-LAN

Internetpoints gibt es in fast allen Städten und Ferienorten in reichlicher Zahl. In Hotels wird der Zugang fürs *portatile* (Laptop) immer mehr angeboten, ist aber meist wesentlich teurer als im Café. Drahtlos ins Internet kann man bisher nur in sehr wenigen Hotels.

KLIMA & REISEZEIT

An den Küsten herrscht Mittelmeerklima mit langem, heißem und trockenem Sommer. Die idealen Reisemonate sind Mai, Juni, September und Oktober: Die Temperaturen sind angenehm, das Meer ist warm und der große Ansturm der Hochsaison und der Osterwochen fern. Der Winter ist regnerisch und mild. Im Landesinneren kann es in den Bergen oberhalb von 1500 m sogar im Sommer kühl werden. *www.tempoitalia.it*

LANDURLAUB

Agriturismo wird auf Sizilien immer beliebter. Meist wurden alte Guts- und Bauernhäuser liebevoll restauriert. Das Essen wird nach alten Re-

Vorsicht, Welle! Wasserspaß am Strand von Cefalù

zepten mit Produkten aus eigenem, oft biologischem Anbau gekocht. Viele Höfe verfügen über Mountainbikes oder Pferde und organisieren Exkursionen. Im Internet können Sie komfortabel mit Fotos und Beschreibungen suchen: *www.agriturismo-sicilia.com, www.bauernhofurlaub.com*

MIETWAGEN

Niederlassungen der großen Autoverleiher finden Sie in Palermo, Catania, Syrakus, Messina, Taormina und an den Flughäfen. Die Preise liegen ca. 40 Prozent höher als bei einer Buchung in Deutschland, so kostet zum Beispiel ein Kleinwagen (Lancia Ypsilon) bei Europcar 239 Euro pro Woche.

NOTRUFE

Unfall/Polizei: 112 und 113
Pannenhilfe: 116 und 800 11 68 00
Ambulanz: 118
Feuer und Waldbrände: 115 u. 15 15
Seerettung: 15 30

ÖFFENTLICHE VERKEHRSMITTEL

Siziliens Bahnnetz ist weitmaschig und weitgehend eingleisig. Auch IC- und Expresszüge haben häufig Verspätung, zudem liegen viele Bahnhöfe sehr weit von den Ortschaften entfernt. *Bahnauskunft: www.trenitalia.it*

Ein dichtes Lokal- und Schnellbusnetz vieler privater Gesellschaften ergänzt und ersetzt das recht dürftige Schienennetz. In vielen Städten gibt es aber keinen zentralen Busbahnhof. *Busauskunft: www.anavsicilia.it*

ÖFFNUNGSZEITEN

Läden, Supermärkte und Warenhäuser sind werktags meist von 8.30 bis 13 und von 17 bis 20 Uhr geöffnet; an einem von Geschäft zu Geschäft unterschiedlichen Nachmittag in der Woche sind die Läden geschlossen. In der Hochsaison haben in den Ferienorten die meisten Läden durchgehend bis in die Nacht offen. Tankstellen sind sonntags und nach 20 Uhr oft geschlossen.

POST

Briefmarken gibt es auch im Tabakgeschäft. Brief oder Postkarte kosten

WETTER IN CATANIA

	Jan.	Feb.	März	April	Mai	Juni	Juli	Aug.	Sept.	Okt.	Nov.	Dez.
Tagestemperaturen in °C	14	15	17	19	23	28	31	31	28	23	19	16
Nachttemperaturen in °C	8	8	9	12	15	19	22	23	20	16	13	9
Sonnenschein Std./Tag	4	5	6	7	8	10	11	10	8	7	6	4
Niederschlag Tage/Monat	9	5	6	4	3	2	1	1	3	7	7	8
Wassertemperaturen in °C	15	14	14	15	17	21	24	25	24	22	19	16

mit der *posta prioritaria* innerhalb Italiens 0,60 und ins europäische Ausland 0,65 Euro.

PREISE

Sizilien ist innerhalb Italiens eine preiswerte Reiseregion. Für einen Espresso in der Bar zahlen Sie am Tresen fast überall weniger als 1 Euro, für einen Cappuccino meist auch nur 1 Euro, für ein Bier oder einen Aperitif 1,50–2 Euro. Am Tischchen sitzen und bedient werden kann in besuchten Ferienorten doppelt und dreifach so viel kosten. Für ein komplettes Essen müssen Sie zwischen 15 und 30 Euro rechnen – selbst wenn Sie ganz groß ausgehen, überschreitet die Rechnung fast nie 50 Euro. Busse und Bahnen sind billig, eine Stadtfahrt kostet selten mehr als 1,20 Euro.

Ihre Euros ziehen Sie sich mit der EC-Karte mit Geheimzahl aus Geldautomaten *(bancomat, postamat),* die es auch in kleinen Orten abseits der Reisewege gibt. Viele Hotels, Restaurants, Tankstellen und Geschäfte akzeptieren Kreditkarten. Mastercard und Visa sind weit verbreitet, die EC-Karte mit Pin weniger.

STROM

Spannung 220 Volt, nur Flachstecker passen, sonst sind Adapter nötig. Weltadapter passen oft nicht!

TAXI

In den großen Städten sind die Taxis mit Taxameter ausgestattet. Ein Trinkgeld von 5 bis 10 Prozent ist üblich. In kleinen Orten und auf dem Land sollten Sie den Preis vor der Fahrt absprechen.

TELEFON & HANDY

Telefonzellen gibt es reichlich. Die benötigten Telefonkarten gibt es bei der Post, in Tabak- und Zeitungsläden. Auslandsgespräche sind uneingeschränkt möglich. Ein Ortsgespräch (3 Minuten) kostet 10 Cent in der Zelle, 3 Minuten nach Deutschland 1,50–2 Euro. Servicenummern (Vorwahl 800) von Touristbüros und Hotels sind gratis.

Roaming, also die Nutzung des Handys im Ausland, kann teuer werden – muss es aber nicht! Ihr Handy bucht sich im Ausland automatisch in ein verfügbares Netz ein. Über den Menüpunkt „Netzwahl" können Sie zu günstigeren Betreibern wechseln. Mit einer Prepaid-Karte des Gastlands entfallen die Gebühren für eingehende Anrufe. Prepaid-Karten wie die von GlobalSim *(www.globalsim.net)* oder Globilio *(www.globilo.de)* sind zwar teurer, ersparen aber ebenfalls alle Roaming-Gebühren. Und: Sie bekommen schon zu Hause Ihre neue Nummer. Hohe Kosten verursacht die Mailbox: noch im Heimatland abschalten!

Vorwahl nach Deutschland: 0049, nach Österreich 0043, in die Schweiz 0041, nach Italien 0039 – die 0 am Beginn von Festnetznummern muss bei Anrufen nach Italien mitgewählt werden.

ZOLL

Zollfrei für EU-Bürger (für Schweizer): 800 (200) Zigaretten oder 200 (50) Zigarren oder 1000 (250) g Tabak, 90 (2) l Wein und (oder) 20 (2) l Spirituosen unter 22 (15) Prozent sowie 10 (1) l Spirituosen über 22 (15) Prozent. *www.zoll.de*

> PARLI ITALIANO?

„Sprichst du Italienisch?" Dieser Sprachführer hilft Ihnen, die wichtigsten Wörter und Sätze auf Italienisch zu sagen

Zur Erleichterung der Aussprache

Zur Erleichterung der Aussprache:

c, cc	vor „e, i" wie deutsches „tsch" in deutsch, Bsp.: dieci, sonst wie „k"
ch, cch	wie deutsches „k", Bsp.: pacchi, che
ci, ce	wie deutsches „tsch", Bsp.: ciao, cioccolata
g, gg	vor „e, i" wie deutsches „dsch" in Dschungel, Bsp.: gente
gl	ungefähr wie in „Familie", Bsp.: figlio
gn	wie in „Cognac", Bsp.: bagno
sc	vor „e, i" wie deutsches „sch", Bsp.: uscita
sch	wie in „Skala", Bsp.: Ischia
sci	vor „a, o, u" wie deutsches „sch", Bsp.: lasciare
z	immer stimmhaft wie „ds"

Ein Akzent steht im Italienischen nur, wenn die letzte Silbe betont wird. In den übrigen Fällen haben wir die Betonung durch einen Punkt unter dem betonten Vokal angegeben.

AUF EINEN BLICK

Ja./Nein./Vielleicht.	Sì./No./Fọrse.
Bitte./Danke./Vielen Dank!	Per favọre./Grạzie./Tạnte grạzie.
Gern geschehen.	Prẹgo!/Non c'è di che!
Entschuldigen Sie!	Scụsi!
Wie bitte?	Cọme dịce?/Prẹgo?
Guten Morgen/Tag!	Buon giọrno!
Guten Abend!/Nacht!	Buọna sẹra!/Buọna nọtte!
Hallo!/Grüß dich!	Cịao!
Ich verstehe Sie/dich nicht.	Non La/ti capịsco.
Ich spreche nur wenig Italienisch.	Pạrlo sọlo un po' di italiạno.
Können Sie mir bitte helfen?	Mi può aiutạre, per favọre?
Wie geht es Ihnen/dir?	Cọme sta/stại?
Wie heißen Sie?/Wie heißt du?	Cọme si chiạma?/Cọme ti chiạmi?
Ich heiße …	Mi chiạmo …
Ich komme aus …	Sọno …
… Deutschland.	… dẹlla Germạnia.
… Österreich.	… dell' Austria.
… der Schweiz.	… dẹlla Svịzzera.
Auf Wiedersehen!/Tschüs!	Arrivedẹrci!/Cịao!
Bis bald!/Bis morgen!	A prẹsto!/A domạni!
Hilfe!	Aiụto!

SPRACHFÜHRER ITALIENISCH

Rufen Sie bitte schnell …	Chiạmi sụbito …
… einen Krankenwagen.	… un'autoambulạnza.
… die Polizei.	… la polizịa.

UNTERWEGS

Bitte, wo ist …	Scụsi, dov'è …
… der Bahnhof?	… la stazione?
… der Flughafen?	… l'aeropọrto?
… die Haltestelle?	… la fermạta?
… der Taxistand?	… il postẹggio di tassì?
Zum … Hotel.	All'albẹrgo …
Bus/Fähre/Zug	l'autobụs/il traghẹtto/il trẹno
Bitte, einen Fahrschein nach …	Un bigliẹtto per …, per favọre.
Entschuldigung, wie komme ich nach …?	Scụsi, per andạre a …?
Immer geradeaus bis …	Sẹmpre dirịtto fịno a …
Dann links/rechts abbiegen.	Poi svọlti a sinịstra/dẹstra.
nah/weit	vicịno/lontạno
Überqueren Sie …	Attravẹrsi …
… die Brücke.	… il pọnte.
… den Platz.	… la piạzza.
… die Straße.	… la strạda.
Ich möchte … mieten.	Vorrẹi noleggiạre …
… ein Auto …	… ụna mạcchina.
… ein Fahrrad …	… ụna biciclẹtta.
… ein Boot …	… ụna bạrca.
offen/geschlossen	apẹrto/chiụso
drücken/ziehen	spịngere/tirạre
Eingang/Ausgang	ingrẹsso/uscịta
Wo sind bitte die Toiletten?	Dov'è il bạgno, per favore?
Damen/Herren	signọre/signọri

SEHENSWERTES

Wann ist das Museum geöffnet?	Quạndo è apẹrto il musẹo?
Wann beginnt die Führung?	Quạndo comịncia la vịsita con la guịda?
Altstadt	il cẹntro stọrico
Ausstellung	la mọstra/l'esposiziọne
Denkmal	il monumẹnto
Friedhof	il cimitẹro
Galerie	la gallerịa (d'ạrte)

Gottesdienst	la mẹssa/la funziọne sạcra
Kirche	la chiẹsa
Rathaus	il municịpio
Schloss/Burg	il castẹllo
Stadtplan	la piạnta dẹlla città
Stadtrundfahrt	il gịro dẹlla città
Theater	il teạtro
Turm	la tọrre

DATUMS- & ZEITANGABEN

Montag	lunedì
Dienstag	martedì
Mittwoch	mercoledì
Donnerstag	giovedì
Freitag	venerdì
Samstag	sạbato
Sonntag	domẹnica
heute/morgen/gestern	ọggi/domạni/iẹri
täglich	tụtti i giọrni, giornaliẹro
Wie viel Uhr ist es?	Che ọre sọno?
Es ist 3 Uhr.	Sọno le tre.
Es ist halb 4.	Sọno le tre e mẹzza.
Es ist Viertel vor 4.	Sọno le quạttro mẹno un quạrto.
Es ist Viertel nach 4.	Sọno le quạttro e un quạrto.

ESSEN & TRINKEN

Die Speisekarte, bitte.	Il menù, per favọre.
Ich nehme …	Prendo …
Bitte ein Glas …	Per favọre un bicchiẹre di …
Besteck	le posạte
Messer/Gabel/Löffel	il coltẹllo/la forchẹtta/il cucchiạio
Vorspeise/Hauptspeise	l'antipạsto/il secọndo
Nachspeise	il dessẹrt, il dọlce
Salz/Pfeffer/Zucker	il sạle/il pẹpe/lo zụcchero
scharf/salzig	piccante/salạto
Ich bin Vegetarier/in.	Sọno vegetariạno/a.
Hat es geschmeckt?	Era di Sụo gradimẹnto?
Das Essen war ausgezeichnet.	(Il mangiạre) ẹra eccellẹnte.
Trinkgeld	la mạncia
Die Rechnung, bitte.	Il cọnto, per favọre.

EINKAUFEN

Wo finde ich …?	Dọve pọsso può trovạre …?
Apotheke	ụna farmacịa

Bäckerei	un panifịcio
Kaufhaus	un grạnde magazzịno
Lebensmittelgeschäft	un negọzio di gẹneri alimentạri
Markt/Supermarkt	un mercạto/un supermercạto
Zeitungshändler	un giornalạio
Gibt es …?/Haben Sie …?	C'è …?/Ha …?
Ich möchte …	Vorrẹi …
Eine Einkaufstüte, bitte.	Una bụsta, per favọre.
Das gefällt mir (nicht).	(Non) mi piạce.
Wie viel kostet es?	Quạnto cọsta?
Nehmen Sie Kreditkarten?	Accẹtta cạrte di crẹdito?

ÜBERNACHTEN

Ich habe ein Zimmer reserviert.	Ho prenotạto ụna cạmera.
Haben Sie noch …	È lịbera …/Avẹte ancọra …
… ein Einzelzimmer?	… ụna sịngola?
… ein Doppelzimmer?	… ụna dọppia?
mit Dusche/Bad	con dọccia/bạgno
Was kostet das Zimmer mit Frühstück?	Quạnto cọsta la cạmera con la prịma colaziọne?

PRAKTISCHE INFORMATIONEN

Können Sie mir einen Arzt empfehlen?	Mi può consigliạre un mẹdico?
Kinderarzt	il pediạtra
Zahnarzt	il dentịsta
Ich habe hier Schmerzen.	Ho dẹi dolọri qui.
Ich habe Fieber.	Ho la fẹbbre.
Eine Briefmarke, bitte.	Un francobọllo, per favọre.
Postkarte	ụna cartolịna
Wo ist bitte eine Bank?	Scụsi, dọve pọsso trovạre ụna bạnca?
Geldautomat	il bancomạt

ZAHLEN

1	ụno	11	ụndici
2	dụe	12	dọdici
3	tre	20	vẹnti
4	quạttro	21	ventụno
5	cịnque	50	cinquạnta
6	sẹi	100	cẹnto
7	sẹtte	200	duecẹnto
8	ọtto	1000	mịlle
9	nọve	1/2	un mẹzzo
10	diẹci	1/4	un quạrto

> Die Seiteneinteilung für den Reiseatlas finden Sie auf dem hinteren Umschlag dieses Reiseführers.

REISEATLAS SIZILIEN

A
B
C
1
2
3
4
5
6
MARE
MEDITERRANEO
Livorno
Isola di Ustica
Nápoli
Ustica
I.Favignana
Palermo
I. di Ustica
Cagliari
Tonnara di Bonagia
Érice
Trápani
Isola di Levanzo
Isole Égadi
Isola Marettimo
686
Marettimo
Levanzo
Isola Formica
Isola Maraone
Nubia
Paceco
113
Trapani
314
Favignana
Isola Favignana
Marausa
Marsala
Birgi
31
Isole dello Stagnone
I. San Pantaleo
Mozia
Marcanzotta
30
Pozzillo
115
S. Filippo e Giacomo
21
188
Marsala
Capo Boeo o Lilibeo
Ciavolo
Lido Signorino
Strasatti
Pizzolato
42
Mazara d. V.
Mazara del Vallo
Granitola
Canale di Sicil
Tunis
Kelibia
Sousse
I. di Pantelleria
10 km

D
E
F
1
2
3
4
5
6
Cágliari, València, Tunis
Génova
Livorno, Civitavécchia
I. di Ustica
Nápoli
Salerno
MARE TIRRENO
Capo San Vito
San Vito lo Capo
Tonnara del Secco
Torre dell'Impiso
Golfo di Castellammare
Riserva Naturale dello Zingaro
Castelluzzo
Scopello
M. Sparagio
1110
Alcamo Marina
Balestrate
Trappeto
Terrasini
Cinisi
Aeroporto Pta. Raisi
Torre Muzza
Isola delle Femmine
Sferracavallo
Capo Gallo
Mondello
M. Pellegrino
606
Arenella
Capaci
Villa Grazia di Carini
Carini
(615)
12%
Zucco-Montelepre
Montelepre
Partinico
Monreale
Pioppo
1194
M. Gradara
(664)
S. Maria di Gesù
Altofonte
Misilmeri
Villabate
Palermo
A29
64
186
113
187
Castellammare del Golfo
Alcamo Est
Alcamo Ovest
Álcamo
825
M. Bonifato
97
L. Poma
San Cipirello
Piana degli Albanesi
L. di Piana d. Albanesi
Marineo
12%
118
Bivio Lupo
Ficuzza
Buseto Palizzolo
Fulgatore
Ummari
A29d.
Segesta
E933
E90
Camporeale
751
Lago Rubino
Vita
630
188A
Calatafimi
Gallitello
624
(355)
Portella di Poira
Roccamena
1613
Corleone
Salemi
119
Gibellina
Poggioreale
B. Destro
Lago Garcia
(683)
Pizzo Cangialoso
1457 (718)
Campofiorito
41
S. Ninfa-Partanna
Santa Ninfa
B. Sinistro
Bélice
Lago Trinità
Partanna
Montevago
188
Santa Margherita di Belice
Contessa Entellina
188C
Bisacquino
Sosio
Palazzo Adriano
Castelvetrano
Portella Misilbesi
(295)
Campobello d. M.
Campobello di Mazara
E931
188B
Sambuca di Sicilia
950
Chiusa Sclafani
San Carlo
Bivona
Burgio
Lago Arancio
Selinunte
Marinella
Tre Fontane
Porto Palo
Menfi
115
Caltabellotta
386
Verdura
Calamonaci
Ribera
434
San Calogero
95
Capo San Marco
Sciacca
Torre Verdura
Seccagrande
Bonsignore
Cattolica Eraclea
Montallegro
Eraclea Minoa
Siculiana Marina
Realmonte

A
B
C
1
2
3
4
5
6
Aeroporto Pta. Raisi
Isola delle Femmine
Sferracavallo
Capo Gallo
Mondello
Salerno
Nápoli
I. di Ustica
Génova, Livorno
Cagliari, València, Tunis
Génova
Torre Muzza
Carini
Cinisi
M. Pellegrino
606
Arenella
Capaci
Villa Grazia di Carini
PALERMO
Terrasini
A29
64
Carini
(615)
12%
Monte Catalfano
374
Capo Zafferano
Solunto
Montelepre
Palermo
Bagheria
Partinico
Monreale
S. Maria di Gesù
Villabate
Casteldaccia
Golfo
Partinico
Pioppo
1194
186
Altofonte
Misilmeri
Altavilla M.
A19
San Nicola l'Arena
Termini Imerese
113
M. Gradara
(664)
E90
Trabia
Caracoli
Piana degli Albanesi
121
48
San Cipirello
Bolognetta
12%
Termini I.
L. Poma
L. di Piana d. Albanesi
Marineo
Ventimiglia di Sicilia
1326
12%
118
Caccamo
M. S. Calogero
Bivio Lupo
Ficuzza
59
Villafrati
Sciara
Ciminna
285
624
(355)
P
a
l
e
r
Portella di Poira
Mezzojuso
1613
Roccamena
Corleone
Vicari
Roccapalumba
B. Destro
Lago Garcia
118
10%
(683)
Pizzo Cangialoso
Portella Imbriaca
Alia
Campofiorito
Lercara Friddi
12%
B. Sinistro
1457 (718)
Prizzi
Contessa Entellina
188C
189
Santa Margherita di Belice
Bisacquino
Sosio
Filaga
(902)
188
Castronuovo di Sicilia
Borgo Regalmici
Palazzo Adriano
Chiusa Sclafani
188
San Carlo
Cammarata
Sambuca di Sicilia
Bivona
Santo Stefano Quisquina
1578
Lago Arancio
950
Burgio
Monte Cammarata
386
Verdura
Alessandria della Rocca
Caltabellotta
Magazzolo
115
Casteltermini
Acquaviva Platani
San Calogero
Cianciana
95
San Biagio Platani
72
Calamonaci
Campofranco
Sciacca
Ribera
Torre Verdura
434
Platani
Cattolica Eraclea
Sella Spagnuola
(540)
Santa Elisabetta
189
Seccagrande
Bonsignore
Raffadali
Aragona
Racalmuto
Grotte
Montallegro
Eraclea Minoa
A
g
r
i
g
e
n
118
Siculiana
Agrigento
Siculiana Marina
122
2
Favara
Realmonte
Templi
Naro
Porto Empedocle
San Leone
115
MARE MEDITERRANEO
Linosa, Lampedusa
Marina di Palma
10 km

D
E
F
1
2
3
4
5
6
MARE TIRRENO
I. Alicudi, I. Salina
Termini
Cefalù
Finale
Tusa
Milianni
Santo Stefano di Camastra
Marina di Caronia
Acquedolci
Caronia
Furiano
Campofelice di Roccella
Buonfornello
Gratteri
Gibilmanna
Isnello
Pollina-Castelbuono
Pollina
Halaesa
Tusa
Motta d'Affermo
S. Stefano di C.
Reitano
Castelbuono
Collesano
Cerda
Parco delle Madonie
Pizzo Carbonara
1979
Piano Battáglia
Rif. Martini
San Mauro Castelverde
Pollina
Monti
Tusa
Mistretta
Parco
Portella dell' Obolo
(1503)
Scillato
Caltavuturo
Polizzi Generosa
Petralia Sottana
1660
Portella del Bafurco
(1120)
Gangi
Colle del Contrasto
(1120)
Capizzi
Cerami
(1147)
Portella Madonnuzza
Castellana Sicula
Monte Zimmara
1332
Sperlinga
Nicosia
(720)
Valledolmo
Tre Monzelli
Resuttano
Alimena
Gagliano Castelferrato
(858)
M. Altesina
1193
Nissoria
Agira
Leonforte
Villalba
Portella di Recattivo
(832)
(772)
Imera Meridionale
Salso
Villapriolo
Ponte Cinque Archi
Calascibetta
Enna
Sacchitello
Dittaino
Marianopoli
854
M. Mimiani
Santa Caterina Villarmosa
Caltanissetta
Villarosa
Enna
Mulinello
487
C. Arginemele
Belici
Caltanissetta
Imera
Lago di Pergusa
(647)
S. Cataldo
Caltanissetta
Valguarnera Caropepe
Serradifalco
Pietraperzia
M. Polino
723
Aidone
876
Piazza Armerina
652
Delia
Barrafranca
Scavi di Casale
Mirabella Imbaccari
Sommatino
Mazzarino
Riesi
Ravanusa
626
M. Bubonia
595
San Michele di Ganzaria
Caltagirone
Museo
554
Campobello di Licata
M. Moschitta
Gela
Butera
Salso
Monte Desusino
429
Niscemi
Licata
Falconara
Gela
Santo Pietro
E90
A20
A19
E932
E931
117bis
626dir.
128

A
B
C
1
2
3
4
5
6
Nápoli
Isole Eólie o Lípari
Isola Panarea
Isola Alicudi
675
Alicudi Porto
Cefalù
Isola Filicudi
Fossa Felci
773
Grotta
Punta Stimpagnato
Filicudi Porto
Capo Graziano
Isola Salina
Punta di Perciato
Pollara
Malfa
Capo Faro
Leni
962
Santa Marina
Rinella
Salina Lingua
Can. d. Salina
Punta Castagna
Quattropani
602
M. Chirica
Pianoconte
Canneto
Terme di S. Calogero
Isola
Lípari
Bocche di Vulcano
Porto Levante
Gran Cratere
391
Isola
Gelso
Punta Bandie
MARE
TIRRENO
Gioiosa Marea
Capo Calavà
San Giorgio
Capo d' Orlando
Capo d'Orlando
Brolo
Tyndaris
Patti
Tindari
Naso
Sant'Angelo di Brolo
Castell'Umberto
la Rocca
Sant'Ágata di Militello
Rocca-Capri Leone
Torrenova
Frazzanò
Acquedolci
Marina di Caronia
Raccuia
Timeto
S. Ágata di M.
Alcara li Fusi
Ucria
San Piero Patti
Tortorici
Furiano-Caronia
San Fratello
Floresta
Portella d. Zoppo
S. Stefano di C.
Reitano
Caronia
180
289
116
Nebrodi
Parco
dei
Mistretta
Portella dell' Obolo
(1503)
Pizzo Pilato
1567
(1464)
il Furiano
1847
Monte Soro
Portella d. Miraglia
(1264)
S. Domenica Vittoria
Randazzo
Tusa
117
Colle del Contrasto
(1120)
Capizzi
Cesarò
120
Troina
Cerami
(990)
Simeto
284
Bronte
Parco
Monte Pizzillo
2414
Monte Etna
3323
M. Rosso
1876
Etna
Rif. Montagnola
2640
Nicosia
(720)
Gagliano Castelferrato
575
Monte Salici
1142
Passo d. Zingaro
(700)
Ferrovia Circumetnea
(858)
Lago di Pozzillo
Adrano
Cantoniera d'Etna
Nissoria
128

D
E
F
1
2
3
4
5
6
10 km
Isola Strombolicchio
Strómboli
Nápoli
924
Stromboli
i Vancori
Messina, Malta
Salerno
Livorno
Isola di Basiluzzo
Isola Lisca Bianca
Capo Vaticano
Golfo
di Gioia
Lido di Palmi
Palmi
Bagnara
Calabra
Costa Viola
Capo
di Milazzo
Paradiso
Milazzo
Golfo di Milazzo
S. Saba
Spartà
Torre Faro
Castanea
delle Furie
609
Sant'Agata
Scilla
Villafranca T.
113d.
Villafranca Tirrena
E90
Rometta
Spadafora
113
Divieto
Saponara
Messina
Centro
Rometta
Villa
S. Giovanni
Villa S. Giovanni
Campo Cálabro
Gallico
Calanna
184
MESSINA
Santo Stefano
in Aspromonte
Calopinace
Stretto di Messina
Santa Marina
Milazzo-I.Eolie
A20
Barcellona
Olivarella
Monforte
San Giorgio
Santa Lucia
del Mela
Barcellona
P. di Gotto
Castroreale
Monti Peloritani
Monte
Poverello
1127
Mess.Sud-
Tremestieri
Galati
Marina
RÉGGIO
DI CALABRIA
Sant'Agata
Cardeto
San Gregorio
1051
M. Embrisi
Péllaro
185
Patrì
1279
1214
88
Itala
Fiumedinisi
Alì
A18
Scaletta
Zanclea
Novara
di Sicilia
1288
Mandanici
E45
Alì Terme
1340
Fondachelli Fantina
Roccalumera
Antillo
Casalvecchio
Siculo
Roccalumera
114
Montagna
Grande
S. Teresa di R.
Santa Teresa di Riva
1374
Forza d'Agrò
Francavilla di Sicilia
Melia
Taormina
Letojanni
Gaggi
Taormina
Linguaglossa
Giard.-Naxos
Giardini-Naxos
Calatabiano
Fiumefreddo
Fiumefreddo di Sicilia
Mascali
Riposto
Milo
Giarre
Giarre
Pozzillo
Bocale
Motta
San Giovanni
Lazzaro
Montebello
Ionico
Melito
di Porto Salvo
MARE
IONIO
Catánia
Malta

Portella Madonnuzza
Monte Zimmara
125
Nicosia
(720)
Troina
(990)
Passo d. Zingaro
(700)
Alimena
Gagliano Castelferrato
Monte Salici
1142
Lago di Pozzillo
Salso
Adrano
M. Altesina
1193
(858)
Nissoria
Agira
Regalbuto
Leonforte
Centuripe
Villapriolo
Calascibetta
Villarosa
Enna
Sacchitello
Dittaino
Catenanuova
A19
Mulinello
Agira
Lago di Pergusa
487
C. Arginemele
583
M. Scalpello
765
M. Iudica
Sferro
Sferro-Gerbini
Gerbini
E932
(647)
Valguarnera Caropepe
Raddusa
Nissetta
M. Polino
723
Pietraperzia
Aidone
Lago di Ogliastro
Gornalunga
Ditta
876
Piazza Armerina
Ramacca
Barrafranca
Scavi di Casale
Ferro
Mirabella Imbaccari
Palagonia
(200)
Serra Pietralisca
570
Mazzarino
682
Militello in Val di Catánia
M. Bubonia
595
San Michele di Ganzaria
Caltagirone
(608)
Grammichele
Museo
554
M. Moschitta
Gela
Butera
Niscemi
Licodia Eubea
Vizzini
986
739
M. Carasia
Santo Pietro
Mazzarrone
Acateo Dirillo
Monterosso Almo
Giarratana
Gela
E45
Acate
Chiaramonte Gulfi
Pedalino
il Biviere
Golfo di Gela
Comiso
Vittoria
Ragusa
Scoglitti
Donnafugata
Módi
Camarina
Santa Croce Camerina
571
Irminio
Scicli
Punta Secca
Capo Scaramia o Scalambri
Marina di Ragusa
Donnalucata
Cava d'Aliga
Sampieri
Marina di Módica
Malta
10 km

E
F
127
1
2
3
4
5
6
Monte Etna
M. Rosso
Etna
3323
Rif. Citelli
Rif. Montagnola
2640
Cantoniera d'Etna
Sant Alfio
Mascali
Riposto
Milo
Giarre
Zafferana Etnea
Santa Venerina
Pozzillo
Biancavilla
Ragalna
Nicolosi
Viagrande
Acireale
Aci S. Antonio
Belpasso
San Giovanni la Punta
Mascalucia
Gravina di Cat.
Aci Castello
CATÁNIA
Misterbianco
Motta S. Anastasia
Lido di Plaia
Gelso Bianco
Golfo di Catánia
Reggio di Calabria
Ravenna, Bari, Venezia
A18
E45
114
121
385
Corridore del Pero
Agnone Bagni
Capo Campolato
Brucoli
Lentini
MARE IONIO
Capo S. Croce
Augusta
Francofonte
Megara Hyblaea
Golfo di Augusta
Melilli
M. Santa Venere
Sortino
Priolo Gargallo
Penisola Magnisi
Cast. Euríalo
Necropoli di Pantalica
Solarino
Teatro Greco
SIRACUSA
Palazzolo Acreide
Floridia
124
Canicattini Bagni
Necropoli di Bibbinello
Fonte Ciane
Penisola della Maddalena
115
Siracusa
Capo Murro di Porco
Cassibile
287
Villa Vela
Monte d'Oro
Noto Antica
Ávola
Noto
Lido di Noto
Eloro
Rosolini
San Paolo
Tellaro
Golfo di Noto
Torre Vendicari
Ispica
Marzamemi
Marza
Pachino
Isola Capo Passero
Portopalo di Capo Passero
Capo delle Correnti
Isola delle Correnti
Malta

KARTENLEGENDE

18 26	Autobahn mit Anschlussstellen	Motorway with junctions
	Autobahn in Bau	Motorway under construction
	Mautstelle	Toll station
	Raststätte mit Übernachtung	Roadside restaurant and hotel
	Raststätte	Roadside restaurant
	Tankstelle	Filling-station
	Autobahnähnliche Schnellstraße mit Anschlussstelle	Dual carriage-way with motorway characteristics with junction
	Fernverkehrsstraße	Trunk road
	Durchgangsstraße	Thoroughfare
	Wichtige Hauptstraße	Important main road
	Hauptstraße	Main road
	Nebenstraße	Secondary road
	Fernverkehrsbahn	Main line railway
	Autozug-Terminal	Car-loading terminal
	Bergbahn	Mountain railway
	Kabinenschwebebahn	Aerial cableway
	Sessellift	Chair-lift
	Eisenbahnfähre	Railway ferry
	Autofähre	Car ferry
	Schifffahrtslinie	Shipping route
	Landschaftlich besonders schöne Strecke	Route with beautiful scenery
Alleenstr.	Touristenstraße	Tourist route
XI-V	Wintersperre	Closure in winter
	Straße für Kfz gesperrt	Road closed to motor traffic
8%	Bedeutende Steigungen	Important gradients
	Für Wohnwagen nicht empfehlenswert	Not recommended for caravans
	Für Wohnwagen gesperrt	Closed for caravans
Kósciol farny	Sehenswürdigkeit	Object of interest
	Badestrand	Bathing beach
	Besonders schöner Ausblick	Important panoramic view
	Ausflüge & Touren	Excursions & tours
	Nationalpark, Naturpark	National park, nature park
	Sperrgebiet	Prohibited area
	Kirche	Church
	Moschee	Mosque
	Kloster	Monastery
	Schloss, Burg	Palace, castle
	Ruinen	Ruins
	Leuchtturm	Lighthouse
	Turm	Tower
	Höhle	Cave
	Ausgrabungsstätte	Archaeological excavation
	Feriendorf	Tourist colony
	Motel	Motel
	Jugendherberge	Youth hostel
	Allein stehendes Hotel	Isolated hotel
	Berghütte	Refuge
	Campingplatz	Camping site
	Flughafen	Airport
	Flugplatz	Airfield
	Staatsgrenze	National boundary
	Verwaltungsgrenze	Administrative boundary
	Grenzkontrollstelle	Check-point
	Grenzkontrollstelle mit Beschränkung	Check-point with restrictions
PARIS	Hauptstadt	Capital
MARSEILLE	Verwaltungssitz	Seat of the administration

REGISTER

Im Register sind alle im Reiseführer erwähnten Orte und Ausflugsziele verzeichnet. Halbfette Seitenzahlen verweisen auf den Haupteintrag, kursive auf ein Foto.

> SCHREIBEN SIE UNS!

Liebe Leserin, lieber Leser,

wir setzen alles daran, Ihnen möglichst aktuelle Informationen mit auf die Reise zu geben. Dennoch schleichen sich manchmal Fehler ein – trotz gründlicher Recherche unserer Autoren/innen. Sie haben sicherlich Verständnis, dass der Verlag dafür keine Haftung übernehmen kann.

Wir freuen uns aber, wenn Sie uns schreiben.

Senden Sie Ihre Post an die
MARCO POLO Redaktion,
MAIRDUMONT, Postfach 31 51,
73751 Ostfildern,
info@marcopolo.de

IMPRESSUM

Titelbild: Mondello/Surfer (Laif: Zuder)
Fotos: Abenteuer Sizilien (101 M.); H. Bausenhardt (135); G. Curcio (12 o., 13 o., 14 u.); Feldhoff & Martin (78); J. Frangenberg (45, 67); R. Freyer (U. l., U. r., 2 l., 3 r., 28/29, 35, 41, 51, 58, 65); Giorgio Armani S.p.A. (13 u.); R. Hackenberg (46/47, 57, 60/61, 72/73, 96/97, 98, 105, 120/121); H. Hartmann (71, 81); HB Verlag: Feldhoff & Martin (U. M., 4 r., 19, 22/23, 37, 39, 48, 52, 62, 80/81, 85); Huber: Liese (4 l., 74), Giovanni Simeone (6/7, 16/17); Kempinski Hotel (15 o.); M. Kirchgessner (3 M., 8/9, 21, 22, 23, 24/25, 26, 27, 28, 29, 32, 33, 42/43, 69, 77, 83, 86/87, 102/103, 106/107); P. Krause (101 o.); La Fondazione Orestiadi (12 u.); La Terra Magica: Lenz (5, 30/31, 88, 90, 93); Laif: Celentano (54), H. Eid (2 r., 99), Zuder (1); Libera Terra (12 M.); Orient Photo (11); Tina Pica (101 r. u.); T. Stankiewicz (3 l., 63, 95, 109, 113); © ¡Stockphoto.com: Don Bayley (100 M.), Mike James (100 u.), Tom Jesenicnik (100 o.), Alex Nikada (15 u.), ShyMan (14 o.)

12., aktualisierte Auflage 2008

Verlegerin: Stephanie Mair-Huydts; Chefredaktion: Michaela Lienemann, Marion Zorn
Autor: Hans Bausenhardt; Redaktion: Arnd M. Schuppius
Programmbetreuung: Leonie Dlugosch, Nadia Al Kureischi; Bildredaktion: Gabriele Forst
Szene/24h: Dr. Patrick Krause, Köln; wunder media, München
Kartografie Reiseatlas: © MAIRDUMONT, Ostfildern
Innengestaltung: Zum goldenen Hirschen, Hamburg; Titel/S. 1–3: Factor Product, München
Sprachführer: in Zusammenarbeit mit Ernst Klett Sprachen GmbH, Stuttgart, Redaktion PONS Wörterbücher

Printed in Germany. Gedruckt auf 100% chlorfrei gebleichtem Papier

FÜR IHRE NÄCHSTE REISE

gibt es folgende MARCO POLO Titel:

DEUTSCHLAND

Allgäu
Amrum/Föhr
Bayerischer Wald
Berlin
Bodensee
Chiemgau/Berchtesgadener Land
Dresden/Sächsische Schweiz
Düsseldorf
Eifel
Erzgebirge/Vogtland
Franken
Frankfurt
Hamburg
Harz
Heidelberg
Köln
Lausitz/Spreewald/Zittauer Gebirge
Leipzig
Lüneburger Heide/Wendland
Mark Brandenburg
Mecklenburgische Seenplatte
Mosel
München
Nordseeküste Schleswig-Holstein
Oberbayern
Ostfriesische Inseln
Ostfriesland/Nordseeküste/Niedersachsen/Helgoland
Ostseeküste Mecklenburg-Vorpommern
Ostseeküste Schleswig-Holstein
Pfalz
Potsdam
Rheingau/Wiesbaden
Rügen/Hiddensee/Stralsund
Ruhrgebiet
Schwäbische Alb
Schwarzwald
Stuttgart
Sylt
Thüringen
Usedom
Weimar

ÖSTERREICH | SCHWEIZ

Berner Oberland/Bern
Kärnten
Österreich
Salzburger Land
Schweiz
Tessin
Tirol
Wien
Zürich

FRANKREICH

Bretagne
Burgund
Côte d'Azur/Monaco
Elsass
Frankreich
Französische Atlantikküste
Korsika
Languedoc Roussillon
Loire-Tal
Normandie
Paris
Provence

ITALIEN | MALTA

Apulien
Capri
Dolomiten
Elba/Toskanischer Archipel
Emilia-Romagna
Florenz
Gardasee
Golf von Neapel
Ischia
Italien
Italienische Adria
Italien Nord
Italien Süd
Kalabrien
Ligurien/Cinque Terre
Mailand/Lombardei
Malta/Gozo
Oberital. Seen
Piemont/Turin
Rom
Sardinien
Sizilien/Liparische Inseln
Südtirol
Toskana
Umbrien
Venedig
Venetien/Friaul

SPANIEN | PORTUGAL

Algarve
Andalusien
Barcelona
Baskenland/Bilbao
Costa Blanca
Costa Brava
Costa del Sol/Granada
Fuerteventura
Gran Canaria
Ibiza/Formentera
Jakobsweg/Spanien
La Gomera/El Hierro
Lanzarote
La Palma
Lissabon
Madeira
Madrid
Mallorca
Menorca
Portugal
Spanien
Teneriffa

NORDEUROPA

Bornholm
Dänemark
Finnland
Island
Kopenhagen
Norwegen
Schweden
Südschweden/Stockholm

WESTEUROPA | BENELUX

Amsterdam
Brüssel
Dublin
England
Flandern
Irland
Kanalinseln
London
Luxemburg
Niederlande
Niederländische Küste
Schottland
Südengland

OSTEUROPA

Baltikum
Budapest
Estland
Kaliningrader Gebiet
Lettland
Litauen/Kurische Nehrung
Masurische Seen
Moskau
Plattensee
Polen
Polnische Ostseeküste/Danzig
Prag
Riesengebirge
Rumänien
Russland
Slowakei
St. Petersburg
Tschechien
Ungarn
Warschau

SÜDOSTEUROPA

Bulgarien
Bulgarische Schwarzmeerküste
Kroatische Küste/Dalmatien
Kroatische Küste/Istrien/Kvarner
Montenegro
Slowenien

GRIECHENLAND | TÜRKEI

Athen
Chalkidiki
Griechenland Festland
Griechische Inseln/Ägäis
Istanbul
Korfu
Kos
Kreta
Peloponnes
Rhodos
Samos
Santorin
Türkei
Türkische Südküste
Türkische Westküste
Zakinthos
Zypern

NORDAMERIKA

Alaska
Chicago und die Großen Seen
Florida
Hawaii
Kalifornien
Kanada
Kanada Ost
Kanada West
Las Vegas
Los Angeles
New York
San Francisco
USA
USA Neuengland/Long Island
USA Ost
USA Südstaaten/New Orleans
USA Südwest
USA West
Washington D.C.

MITTEL- UND SÜDAMERIKA

Argentinien
Brasilien
Chile
Costa Rica
Dominikanische Republik
Jamaika
Karibik/Große Antillen
Karibik/Kleine Antillen
Kuba
Mexiko
Peru/Bolivien
Venezuela
Yucatán

AFRIKA | VORDERER ORIENT

Ägypten
Djerba/Südtunesien
Dubai/Vereinigte Arabische Emirate
Israel
Jerusalem
Jordanien
Kapstadt/Wine Lands/Garden Route
Kenia
Marokko
Namibia
Qatar/Bahrain/Kuwait
Rotes Meer/Sinai
Südafrika
Tunesien

ASIEN

Bali/Lombok
Bangkok
China
Hongkong/Macau
Indien
Japan
Ko Samui/Ko Phangan
Malaysia
Nepal
Peking
Philippinen
Phuket
Rajasthan
Shanghai
Singapur
Sri Lanka
Thailand
Tokio
Vietnam

INDISCHER OZEAN | PAZIFIK

Australien
Malediven
Mauritius
Neuseeland
Seychellen
Südsee

> UNSER INSIDER

MARCO POLO Autor Hans Bausenhardt im Interview

Hans Bausenhardt hat als Autor von Reiseführern und als Wanderführer Sizilien kreuz und quer bereist und durchwandert.

Wie sind Sie nach Sizilien gekommen?

Meine erste Reise nach Sizilien liegt lange zurück, und ich war nicht unbedingt begeistert. 1985 musste ich dann einen Reiseführer überarbeiten und bekam dabei während meiner fast dreimonatigen Reise über die Insel viel vom unbekannten, versteckten Sizilien zu sehen, bekam immer mehr Lust auf neue Orte und Plätze. Dabei lasse ich mich auch heute noch am liebsten von meiner Neugier inspirieren.

Wie sieht Ihr Alltag dort aus?

Prächtig. Ich lebe mehrere Monate im Jahr in Cefalù und führe dort Wandergruppen auf schmalen Pfaden in die Bergwelt der Madonie. Wir machen mal beim Hirten halt und sehen, wie Käse wie vor Jahrtausenden gemacht wird, genießen von den Gipfeln Fernblicke zum Ätna, zu den Äolischen Inseln und über halb Sizilien. Wir kosten das eiskalte Wasser einer Quelle oder sitzen in einem Bergdorf auf der Piazza bei Espresso oder Eis und lassen uns von den alten Männern über ihre besten Jahre in Chicago, Wolfsburg oder bei Daimler erzählen und über ihre Kinder, die es viel besser haben.

Und was tun Sie in Ihrer Freizeit?

Den Tag beginne ich mit einem Bad im Meer. Ich schaue danach gern bei den Fischern vorbei und stelle mich anschließend an den Herd. Oder ich fahre los, suche nach neuen Touren und Orten. Es gibt aber auch Tage, an denen schaue ich mir zum ich weiß nicht wievielten Mal den Dom von Monreale, die Altstadt von Palermo oder das antike Selinunt an.

Was gefällt Ihnen an Sizilien nicht so?

Der sehr lockere Umgang vieler Sizilianer mit dem Müll, die vielen Waldbrände und die wuchernden Neubauten an Stränden und um die schönen alten Städte herum.

Mögen Sie die sizilianische Küche?

Für mich ist die *caponata* Ausdruck sizilianischer Kochtradition, typischer geht es nicht: Auberginen werden mit Selleriestängeln, Zwiebeln, Knoblauch und Tomaten in Olivenöl geschmort, dann kommen Kapern und Oliven dazu, und zum Schluss wird das Gericht kräftig mit Weinessig und Zucker abgeschmeckt und lauwarm mit frischem, nach Sesam duftendem Brot gegessen. Phantastisch sind übrigens auch die Garküchen auf den Straßenmärkten von Catania, Caltanissetta und Palermo, wo ich gerne die sizilianische Variante der Pizza, *sfinciuni,* zu mir nehme, mit vielen Zwiebeln und Sardellen, oder ein paar *panelli,* frittierte Plätzchen aus Kichererbsenteig.

> BLOSS NICHT!

Ein paar Tipps für das richtige Verhalten auf Sizilien

Auf der Straße kaufen

An Marktständen können Sie wählen, wühlen, anfassen wie die Einheimischen, meist gibt es sogar Preisschilder, sonst sehen Sie, was andere dafür zahlen. Höchste Vorsicht ist aber angeraten bei den Gewerbetreibenden, die aus ihrer Ware fast schon ein Geheimnis machen, Gelegenheiten versprechen, die es nur einmal im Leben gibt. Vielfach bittet man Sie um einen kurzfristigen Vorschuss ...

Das Menú Turistico bestellen

Fast alle Restaurants bieten dieses Essen zum Festpreis an, das zwei Gänge, Nachtisch, ein Getränk, den Preis des Gedecks sowie alle Steuern und die Bedienung enthält. Einheimische machen fast nie von diesem Angebot Gebrauch, obwohl es wesentlich weniger kostet als Essen à la carte. Aber es zeichnet sich hauptsächlich durch Einfallslosigkeit aus, und nur ganz selten werden Sie landestypische Gerichte auf den Teller bekommen, stattdessen serviert man Ihnen Kotelett, Brathuhn oder eine meist zähe Scheibe Roastbeef, dazu ein paar dürre Blättchen Salat oder eine halbe Tomate.

Zum Diebstahl einladen

Diebe und Räuber lauern nicht in jedem Winkel; riskant sind die Großstädte, Häfen und viele Strandregionen. Lassen Sie nichts sichtbar im Auto liegen, Sie riskieren sonst eingeschlagene Scheiben. Bei Fahrten durch Palermo und Catania verriegeln Sie Türen und Kofferraum. Autodiebstähle sind in Sizilien nicht häufiger als anderswo, aber diese beiden Großstädte stehen in der italienischen Statistik an oberer Stelle. Das gilt auch für Handtaschendiebstahl vom fahrenden Auto oder Moped *(scippo)* aus. Verzichten Sie entweder auf die Tasche, oder tragen Sie diese immer zur Hauswand hin. Wie überall sonst auch operieren im Gewühl von Märkten, Bahnhöfen, Busstationen und Einkaufsstraßen gern Taschendiebe.

„Lo Scontrino" vergessen

Nehmen Sie überall den Kassenbon mit, auch wenn Sie nur ein Brötchen gekauft haben. Der *scontrino* ist der Beleg dafür, dass Ware oder Dienstleistung in der Kasse verbucht wurde und dafür Steuer abgeführt wird. Ausnahmen: Benzin, Zigaretten, Zeitungen. 100 m weit sind Sie so etwas wie ein Gehilfe der Steuerfahndung, und es gibt für Sie und den Verkäufer hohe Strafen, wenn Sie den Zivilbeamten der Guardia di Finanza den Beleg nicht vorlegen können.

Mit dem Feuer spielen

Jahr für Jahr verwüsten Hunderte von Bränden Wälder, Olivenhaine und Gärten, bedrohen Häuser und Ortschaften. Meist bleiben kahle Steinwüsten zurück. Glimmende Zigarettenstummel, Picknickfeuer, der heiße Kat vom Auto über trockenem Gras oder Laub können katastrophale Folgen haben.